Eurus

Notus

住まいで「老活」

安楽玲子
Reiko Anraku

Boreas

Zephyrus

岩波新書
1724

はじめに

ケアの質の七〇%は住まいで決まる

少子高齢化が進むなか、社会保障費の抑制に向けて、医療保険や介護保険料の値上がり、自己負担率引き上げの傾向はこれからも続くといわれている。介護保険が開始されてからすでに一五年以上が経過したが、介護の現場では、様々な試みがなされているものの、残念ながら必ずしもケアの質が向上しているとは言い難い。

その一番の理由は、官民ともに既存住宅を含む住まいのバリアフリー化と個人の家での暮らしの改善策の普及に、本格的に取り組んでこなかったことにあると感じている。「家」は個人の責任に帰すものであり、個人の意志を尊重するといった建前は、ゴミ屋敷を生み破綻するまで誰も手助けできず、手を下せないことにつながっている。そして、日本でしかみられないという、いわゆる「寝たきり」に介護費用などの多くが費やされ、一方で、自宅で暮らす人が家の中で使う介護保険サービスの費用は少ない。住まいのもつ介護力が、要介護となったり介護の重度化を防ぐことにつながることも、広く認識されているとは言い難く、住環境を改善することにつながる住宅改修費は二〇一五年度で全体のわずか〇・五％と少ない。福祉用具のレンタル、福祉用具の購入も合わせて三％程と、わずかである。

こうしたなか、高齢世帯の多くは年金で生活費が充当できず、預貯金から毎月の生活費を取り崩しているという。加齢に伴い、病気のリスクは高まり、入院や、介護の重度化による施設への入所を余儀なくされる。これらの対応を誤ると、個人の「老後破産」につながるだけでなく、社会的コストの増大にも直結する。

本書では、こうした個人の「老後破産」を防ぐ意味も含め、「住まいの介護力」を活かし安全に安心して「自宅で暮らす」ことで、病気や要介護となるリスクを軽減する方法を考える。要介護となっても介護を重度化させず、本人の自立生活が継続出来、家族や地域の負担も増大させないために、一人ひとりができる「老後」の備えについて、筆者が経験してきた事例に加え、公表されているデータを基に「老後」の備えについて考えていく。人生一〇〇年時代の「ついの住まい」のうち、主に自宅で暮らすケースを念頭に、それぞれが早めに高齢期のライフコースを選択できるよう、〝住まいの「老活」〟についてまとめた。

団塊世代である筆者が、高齢化や介護の問題に携わることになったのは、東京都品川区で「高齢者・障害者にやさしい住宅モデルルーム」(後のバリアフリー住まい館。以下、住まい館と略)を計画し、一九九三年に開設してからである。住まい館は二〇一一年まで一八年間運営した。

二〇〇〇年に介護保険が開始されると、住まい館の業務の一環として、介護保険制度や区による住宅改修制度を利用されるお宅を訪問し、アドヴァイスを行う「住宅改修アドヴァイザー」制度が始まり、二〇一三年までに要介護となったお年寄りのお宅を九五〇件ほど(一部他自治体を含む)訪問した。住まい館には、建築と福祉用具の知識をもち、介護の経験のある女性相談員が常駐し、住まいのなかで、家具や福祉用具、日用品類を体験してもらいながら、個人の相談に応じ、地域団体や自治体、企業、福祉、建築の専門家に対する体験研修も行ってきた。筆者はこの間、一級建築士の資格に加え、二〇〇〇年に福祉用具専門相談員、〇九年に福祉用具プランナー、一〇年に介護支援専門員(ケアマネジャー)の資格を取得した。

本書ではこれらの経験と共に、実母をバリアフリー化された家で福祉用具を活用しながら八年間介護してきた事例および筆者が設計からケアデザインまで広範囲に関わったアルツハイマー型認知症の方の大規模リフォームの事例の詳細を記述した。

本書で取り上げた対象

品川区が住まい館を開設したのは、一九九二年度に区が策定した地域高齢者住宅計画(筆者が受託)のなかで、主に持ち家層となる中間層に対し、情報を提供し、個人の相談に応じることで、各個人自らが、住まいや暮らしを見直し、実行する手助けをするとされたことによるものであった(実際にはあらゆる層の人が見学や相談に来所)。本書のスタンスも、こうした目的の延長上にある。現在、生活保護を受けていない、あるいは受けられないギリギリの沢山の人達が、食事にことかくような厳しい状態で、「老後破産」しているとの報道が相次いでいる。こうした見地からすると、本書が主として対象とする層は恵まれている人達といえるかもしれない。しかし、今やこうしたいわゆる「中間層」といわれてきた人達でも、病気や介護の対応を誤ると、あっという間に「老後破産」に陥る。なお、筆者が「住宅改修アドヴァイザー」として訪問したのは、こうした中間層のみを対象としたものではなく、あらゆる種類のお宅である(なかには、いわゆるゴミ屋敷もあった)。

品川区は、かつての京浜工業地帯の一角にあり、都内でも有数の高級住宅地から、細街路のため建て替えもままならない木造密集地域や業務地などが混在している地域である。区内には鉄道が何本も通り、駅ごとに商店街があり、下町的な暮らしやすさがある。店舗付き住宅や小さな町工場を併設した家も多く、都市部のなかで地域コミュニティが一定程度保たれているところでもあった。近年は立地の良さから、オフィスビルやマンションが増加し、子育て世代が増加しており、二〇一八年四月一日の住民基本台帳による人口は約三九万人(外国人含む)、高齢化率二二%である(東京都平均高齢化率二三%)。

筆者が「住宅改修アドヴァイザー」として訪問したなかには、木造賃貸住宅や公営住宅で、自立生活のお手本のような暮らしをしている人がいる一方で、高級住宅地の広い家で、荷物に埋もれ暮らしている人もいた。介護専門の住みこみのお手伝いさんを雇っているお宅も訪問したが、大きなソファーが置いてあっても、当事者は利用できず、大事に「寝かせきり」で暮らされていた。

そうした訪問の経験から言えるのは、介護期の暮らしはお金のあるなしだけでなく、当事者を支える家族等の意向で決まるというものだった。住宅を改善し、家で暮らせるようにしたいという人（家族）には、在宅介護に熱心に取り組まれている人が少なくなかった。

本書は、こうした特徴をもつ地域での経験を基にまとめたものであるから、地方や過疎地域での暮らしには必ずしも合わない部分もあるかもしれない。

筆者の故郷の九州の都市部に住む知り合いの介護の様子をみると、大都市部に比べ、家族や親族の住む距離が近く、つながりは深いように感じるし、家族による介護や病気に対応する機能がある程度担保されているように思える。本書は、あくまでもこれから本格化するといわれている、家族機能が低下した都市部の一人暮らしや高齢者のみ世帯（一人暮らし、夫婦のみ、兄弟姉妹など）の介護の問題を念頭に、高齢期の「住まいと暮らし」を取りまとめたものだが、現状の高齢期の暮らし方や住まいの課題は都市部に限定されたものではない。地域の特性に応じて主旨をくみ取り、活用されることを期待したい。

なお、本書で例示した施設の費用は、全国のなかでも高額な東京都下のものであるため、他の地域については、事例の捉え方を参考に、自らの住む地域の施設について確認して欲しい。

本書の構成

本書では、第一〜四章で、「ついの住まい」を考える際に、判断の根拠に必要となる知識をとりまとめた。これを基に、第五章で、「老後破産」の事例として紹介されている様々な記事の間違いを整理し、正しく恐れるべきポイントを示した。そして、一人暮らしや子どものいない高齢世帯、子どもに介護を期待出来ない世帯を含め、「老後の備え」として「ついの住まい」を早めに選ぶ意義、ライフコースを整理した。

具体的には、第一章では、これまでのライフステージと住まいの関係、超高齢社会における世帯構造の変化を確認し、「ついの住まい」の位置づけを明確にする。その上で、「住まいの介護力」とはどのようなことなのか、事例により紹介する。そして、自宅で暮らすことのほか、高齢期の「ついの住まい」となる多様な施設類の概要を紹介する。

第二章では、バリアだらけの日本の住まいの実情と、増加している家庭内事故死、男女別介護の要因などを探り、これを防ぐ住まいの改善ポイントをまとめた。

第三章では、バリアフリー化された家のもつ「住まいの介護力」の実態二例を紹介する。なかでも福祉用具を活用することで、介護の重度化を防ぎ暮らしている実母の事例は、バリアフリー住宅で利用される福祉用具のもつ介護力の理解につながるだろう。そして、二例目のアルツハイマー型認知症の方の大規模リフォーム事例では、屋内徘徊が止むなど、認知症の周辺症状を抑えた驚くべき効果を紹介する。第四章で紹介する認知症の規模別リフォーム事例と合わせ、認知症の方にとっても、バリアフリー化され、気持ち良い空間となった住まいでは生活が安定し、症状も改善することを示している。こうした事例は、認知症にリフォームは禁物という、医療・福祉関係者のこれまでの常識が見直されることにつながるだろう。

第五章では、第一章から第四章までに紹介したデータや事例をふまえて、各自が老後の備えとして何をなすべきか整理した。

筆者は、いざという時になって当事者に理解出来る力や実行する力がすでになく、介護の重度化を招いた事例や、家族の苦労、苦悩を沢山みてきた。

いざという時の備えの「預金」を、自らの為に、希望に沿う形で利用出来るようにするには、元気な時にその意志を明確化し、実行することが大事である。これから高齢の一人暮らしや夫婦のみ世帯といった、いざという時に当事者を支えてくれる家族が身近にいない人達が急増していく。人生一〇〇年時代に向け、自身の安全・安心の為に、それぞれ、いつ何をすればいいのか、何が出来るか。本書がライフデザインを見直すきっかけになることを願っている。

介護や医療、建築関係者は、いま一度、介護や療養が必要な時の「住まいや道具のもつ介護力」への理解を深めて、福祉マンパワーの不足が懸念されるなか、ケアの質向上に取り組んで欲しい。そして、介護保険制度などが、介護現場や人の暮らしの現実をみつめ、より人に寄り添う形で、その運用を含め、改善されることを願うものである。

なお、巻末に様々な「ついの住まい」に関する資料を添付した。各章を読み進める際、必要に応じて参考にして欲しい。

図版：株式会社ウエイド（原田鎮郎）

目次

第1章
あなたの選択「ついの住まい」

ケアの質の七〇%は住まいで決まるといわれている。高齢期は誰しも身心の機能が低下するだけでなく、多くは家族機能も低下する。こうしたなか、介護期もある人生一〇〇年時代に向けたライフデザインを描くためには、様々な「ついの住まい」の特色と、それに必要な経費を知ることは必須である。

残念ながら、一般に広く流布している「ついの住まい」に関する雑誌や書籍などは、主に介護期に暮らす、有料老人ホーム、サービス付き高齢者向け住宅(サ高住)、特別養護老人ホームなど施設系の特色やその違いに、介護保険制度の簡単な紹介を加え、ファイナンシャルプランナーなどによる必要経費の解説を掲載した程度のものがほとんどである。

そこで本章では、最初に超高齢社会における社会環境の変化、介護の要因などを整理し、その上で様々な施設系の「ついの住まい」と「家=在宅」の関係をまとめた。

そして、もし「家」で暮らし続けることを選択するとしたら、介護や療養が必要になった時にどのような「住まい・暮らし」となるのか、そのイメージをもてるように、利用できる制度のポイントと、「住まいの介護力」を活かして暮らしている方々の事例をいくつか紹介する。

ただし、将来にわたり「家」で暮らすには、地域の福祉資源や、一人暮らしの人は複層的な見守りをどのように担保するかなど、それぞれに課題もある。こうした部分も含め記述した。

1 高齢期の住まい

①ライフステージと「ついの住まい」

年齢と共にライフステージは変化し、これに伴って住まいに求められる機能は変化する。かつての〝標準的〟なライフステージは、単身から結婚により二人となり、出産、子育て期へと変化するものであった。住まいは、子育て、仕事中心の「家族拡大期」に、リビングやダイニングと夫婦や子どもの部屋を確保するといった住要求を満たすように、家を新築し、購入することが一般的であった。

都市部では、結婚当初住んでいた賃貸住宅から、分譲マンションに移り、最後に郊外の戸建住宅を購入することが、「住宅双六《すごろく》のあがり」と言われていた。現在は、結婚しない人が増加するなど、必ずしもこうした模式的なライフステージを経るものではなく、全体として世帯構成は大きく変化している。

他方で、かつての標準的な家族は、平均寿命の伸長によって子育て終了後、夫婦のみ世帯から、一人暮らしへ移行していく期間が長くなっている。そして、子どもの独立によって同居家族の人数が減少していく「家族縮小期」の住まいが、いわゆる「ついの住まい」といわれるものである。住まいに求められる機能は、仕事や子育て中心のものから、家族機能や身心機能が低下していくなかで、安全に安心して暮らせ、療養や介護が必要となった時にも自立生活を継続出来るものへと変化している。

家族機能の低下した世帯が増加

厚生労働省による二〇一五年国民生活基礎調査による、六五歳以上の高齢者のいる世帯は「単独世帯」が全体の約二〇%、「夫婦のみ世帯」が約四〇%で、合わせると約六〇%である。子世帯との同居は約四〇%だが、このうち配偶者のいない子世帯との同居が三分の二を超えており、親の介護のために退職を余儀なくされる事態が社会的な課題となっている。

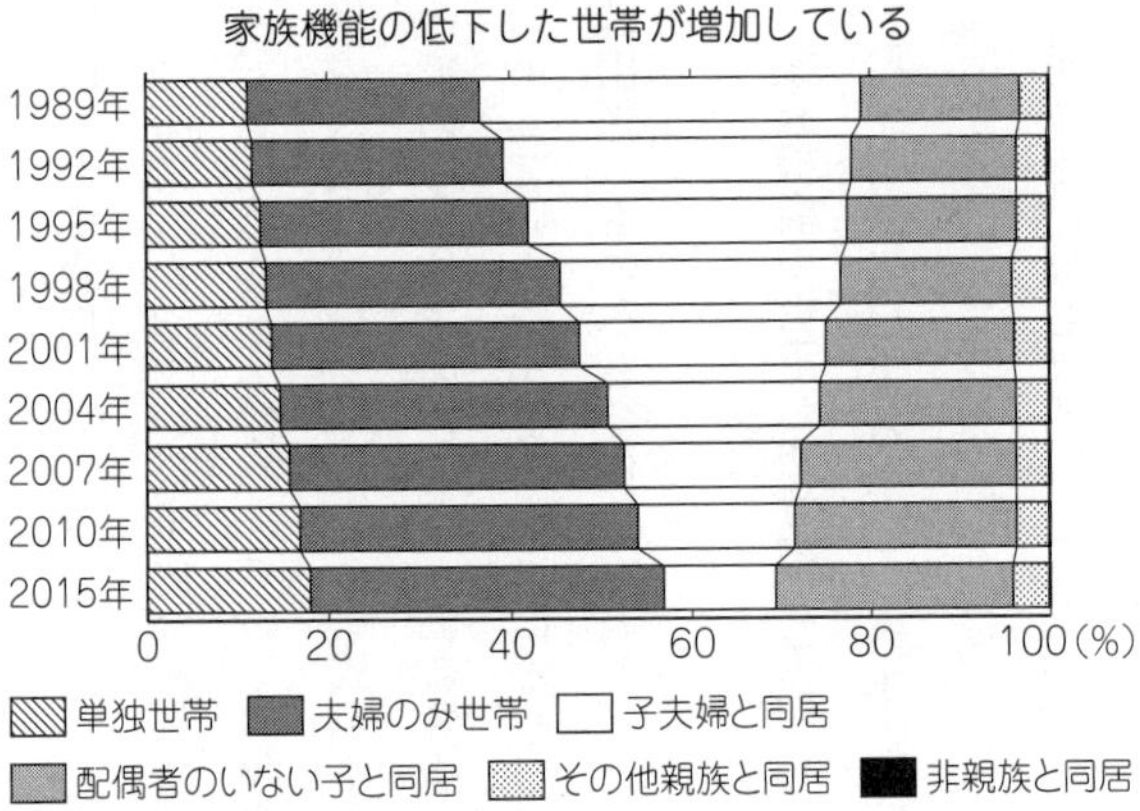

図 1-1　65 歳以上高齢者のいる世帯の推移

注）2016 年は熊本県を除くため，2015 年とした
出所）厚生労働省「国民生活基礎調査」各年の「65 歳以上の者の状況」より作成

筆者は、両親を一人で介護している同居の子どもの厳しい現場に何度も立ち会ってきた。なかでも、介護者が息子の場合はとりわけ深刻であった。ちなみに、一九八九年と二〇一五年を比較すると、単独世帯は約三・九倍、夫婦のみ世帯は三・七倍、配偶者なしの子世帯との同居も三・七倍と増加しているが、子夫婦世帯との同居は三〇%減少している。一方で、近居（歩いて行き来できる距離に別々に暮らす）や隣居は増えており、この数値だけで家族の動向を判断することは出来ないが、家族機能のうち、看護や介護機能を期待できない世帯の増加傾向は続くと思われる。

早めに自分達の「ついの住まい」を準備する

必然性が高まっているといえるだろう。

②介護期に暮らす「ついの住まい」を考える

少子化が続くなか平均寿命は延び、二〇一七年総務省による統計では八〇歳以上が一〇〇〇万人を超え、九〇歳以上は初めて二〇〇万人を超えたという(うち一〇〇歳以上は六・七万人)。ちなみに、二〇一六年の平均余命を基に寿命をみると、六五歳男性は八四・四六歳、女性八九・三一歳、七五歳では男性八七・〇九歳、女性九〇・七一歳となり、いずれも平均寿命より数年長くなる。死亡要因の上位である、悪性腫瘍、心疾患、脳血管疾患の予防や治療が進んでおり、今後も平均寿命、平均余命とも延びるものと思われている。

こうした状況のなか、現在の、六五歳から高齢者、七五歳から後期高齢者、という定義の見直しが、様々な観点から検討され始めている。

年を重ねても、健康でいたいと誰しも願っている。将来のライフデザイン、「ついの住まい」を考える際の基礎知識として、まずはどの年代から要介護となっているのか、男女別にみていこう。その上で本書を読み進める基本となる要支援1〜要介護5まで七段階にわかれる介護が必要な状態と、身心状況に応じて選択出来る様々な施設を含む「ついの住まい」の概要を整理したので、確認してみよう（詳細は巻末に記載）。

男女とも七五歳以下で要介護者は五％以下

年齢別に要介護（含む要支援）となるのは六五〜六九歳では男女とも三％程度である。その後男性は五歳刻みで倍増し、八五〜八九歳で四〇％、九〇歳以上で三分の二程となる。これに対し、女性は七五歳を過ぎると男性を超え、八五〜九五歳では大幅に上回る。そして八五〜八九歳で五五％強、九〇歳を超えると八〇％強が要介護（含む要支援）となる。

なお、介護のなかで、一般に在宅での生活が困難となる、要介護3以上の比率は、男性は八五〜八九歳で一三％、女性は八五〜八九歳で一九％である。ちなみに、二〇一五年国勢調査による六五歳以上の男性人口約一四五〇万人のうち、要介護総数は男性一八五万人（一三％）、女性は人口約一九〇〇万人のうち四二〇万人（二二％）である。

これから明らかなことは、女性が要介護となるリスクは男性より高く、女性より平均寿命の短い男性は、死亡のリスクが高いともいえる。

90 歳を超えると半数以上が要介護に

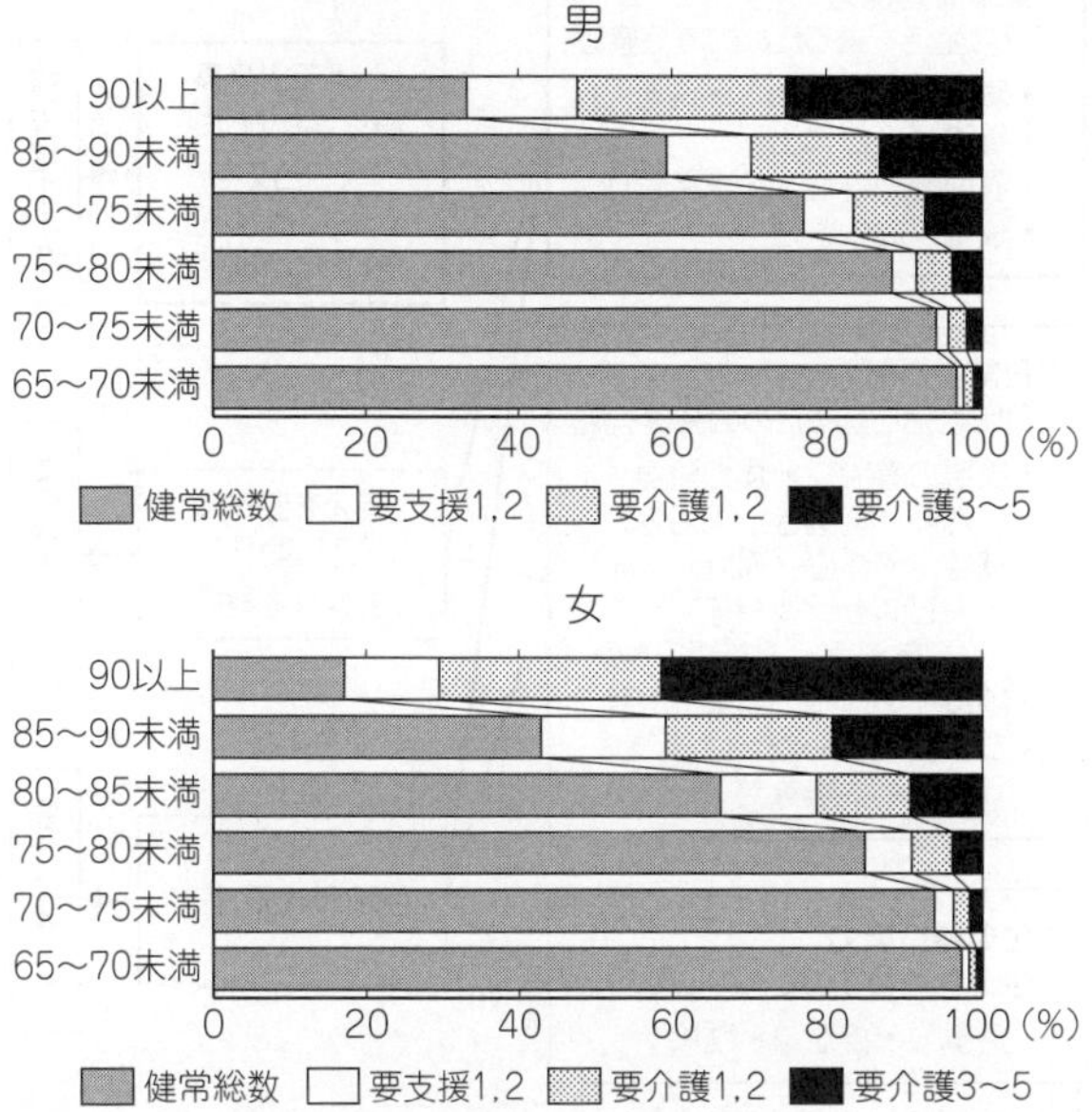

図 1-2　年齢別男女別要介護者比率

出所）厚生労働省 2015 年度介護事業報告(全国)および総務省 2015 年国勢調査より作成

要介護と生活能力の低下と在宅率

それでは、要介護とは、どのような状態になることなのか、確認しておこう。

加齢に伴い、何らかの理由で日常生活に手助けが必要になると、介護保険による認定調査を受け、要支援1〜2や要介護1〜5の判定を受けることになる。介護認定と生活能力の関係を大別すると、第一段階は、家庭管理能力が低

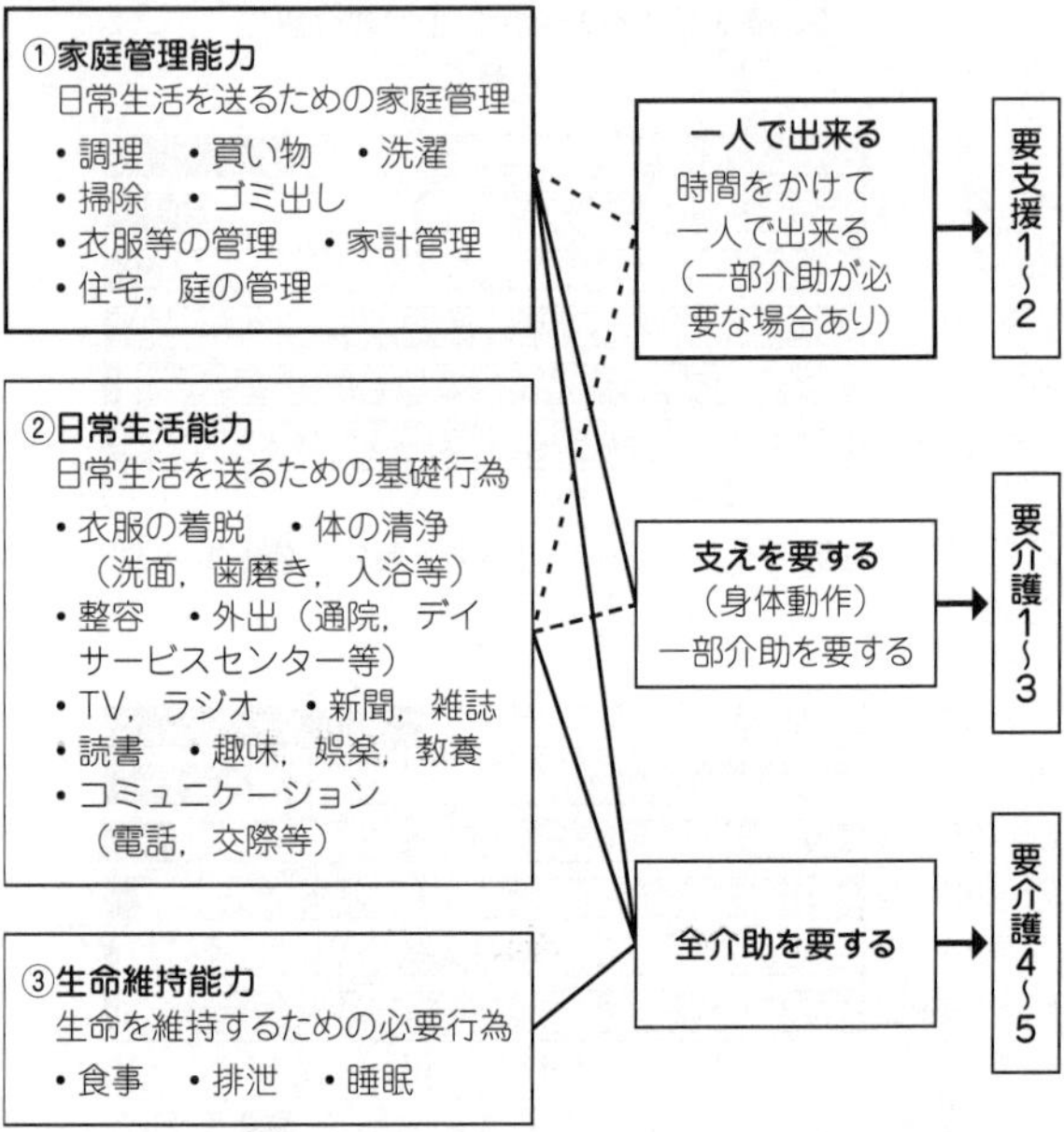

図1-3　要介護度と生活能力（イメージ）（筆者作成）

下した状態。第二段階では、日常生活能力が低下し、生活に何らかの手助けが必要になる状態。第三段階は、生命の維持に全介助が必要な状態となる。なお、おおよそのイメージは図1-3となる。

第一段階：家庭管理能力の低下（要支援1〜2）

足腰が弱る、記憶の低下などにより買い物や調理、掃除、片付けなどに何らかの支援が必要になるなど、日常生活を送るための家庭管理能力が低下する状態を指す。こうした状態を放置すると、食生活がおろそかになるなどして、身心状況は悪化するので、介護の重度化を防ぐ意味で注意が必要である。なおこの状態は、個人差はあるものの特別な理由がなくとも九〇歳を超えると、おおよそこうした状態になる。

第二段階：日常生活能力の低下（要介護1～2（3））
家庭管理能力の低下に加え、歩行などにも支障が生じたり、入浴などにも一部介助が必要になったりする状態で、日常生活を送るための生活能力が低下した状態を指す。この状態は、歩行補助具を用いることや、家族の手助け、ホームヘルプサービスなどを利用することにより、在宅生活の継続が可能である。なお、要介護3になると、在宅生活の継続は困難性が増し、特別養護老人ホームの入所資格が生じる。

第三段階：生命維持に全介助が必要（要介護4～5）
食事や排泄など生命を維持していくために必要な行為にすべて介助が必要な状況を指す。いわゆる「寝たきり」といわれる状態である。

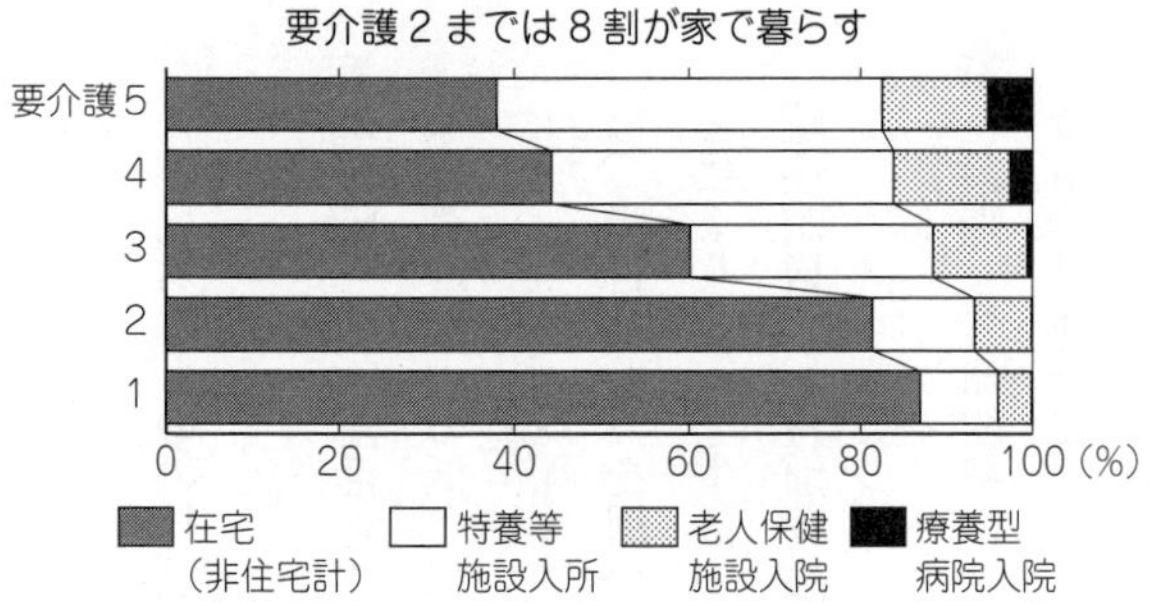

図1-4　介護度別在宅率

注）特養等施設入所：特別養護老人ホーム・グループホーム・介護付き有料老人ホーム
出所）介護保険サービス統計より作成（2017年5月審査分）

それでは、介護度と家で暮らす関係を、厚生労働省による介護保険二〇一七年五月審査分でみてみよう。

要支援1〜2を除く介護度別の介護サービス受給者（認定者数とは異なる）は、要介護者の在宅率（家で介護保険サービスを受けている人の比率）は、要介護1で八五％強、要介護2で八〇％強、要介護3で六〇％、要介護4は四五％弱、要介護5が四〇％弱である。なお、この統計では介護サービスを受け「特定施設入居者生活介護」の指定を受けていないサービス付き高齢者向け住宅、ケアハウス（軽費老人ホーム）等は在宅に含まれ、介護認定を受けても、介護保険サービスを利用していない人*は、この統計に含まれていない。

*入院中の人や、要介護度が低い人のなかで、本人や

家族がサービスの利用を望まないケースや住宅改修制度のみ利用し、その他の介護保険サービスを利用していない人など。

③複雑で多様な「ついの住まい」

介護や療養が必要な時期に暮らす「ついの住まい」として、賃貸住宅や持ち家(戸建、マンション)の他に、多様な施設系の住まいがある。前述のように、一般に「ついの住まい」選びと銘打った紹介記事などは、こうした施設系の複雑な分類、特徴、選ぶ際に気をつけるべきポイントなどをまとめたものである。

ところで、日本では、元気な退職者が「住む街」として開発されたところはなく、数棟のマンション群や、若者や子育て世代とミックスした、一定規模の住戸群がモデル的に建設されている。一方、都市部では、郊外の戸建住宅から、利便性の高い駅近くのバリアフリーの賃貸住宅や分譲マンションを「ついの住まい」として転居する例が多くみられるようになっている。ある地方都市では、市の中心部にバリアフリー化された分譲マンションと共に、ホテル、病院、商業施設、フィットネスクラブなどの複合開発が進められており、このマンションの購入者として、市郊外や中心部の古い戸建に住むシニア層も想定されているという。こうした環境は加齢に伴って買い物や病院通い等が困難となる高齢者にとって、より長く「家」で暮らせる要素となるだろう。

高齢者専用の施設などで暮らす

二〇〇〇年に介護保険(契約)が開始されると、従来、老人保険法(措置)に基づき一定の収入以下の人のみ入所が可能であった特別養護老人ホームは、収入に応じて利用料金が異なるものの、誰でも入所可能な施設となった。

また、介護保険が始まるまでは、有料老人ホームで暮らす費用はすべて個人負担であったが、介護保険が始まってからは、介護付き有料老人ホームに分類される施設は介護費用を保険で充当できるようになり、不足分を自費で賄う仕組みへ変化した。こうした施設では、介護度と収入に応じた介護保険の自己負担分を除き、サービス加算料、管理費(含む水光熱費)、居住費、食費雑費などをパックとして支払うことで、理美容代金やおむつ代などを除き、一定金額以上の負担がかからない(施設によって費用項目は異なる)。

同様に、認知症に対応しているグループホームも、雑費などを除き毎月の利用料金はパック料金となっている。いずれも施設の職員等がレクレーションや生活支援や介助などを行う。

元気な時から高齢者専用の住まい

高齢者を対象として元気な時から暮らす高齢者専用の住まいには、入居時の条件が健康自立のシニア向け分譲マンションと、介護付き有料老人ホームがある。近年増加しているサービス付き高齢者向け住宅(サ高住)は、健康な人から要介護者まで入居できる。

- シニア向け分譲マンション(入居時一名健康自立、五〇歳以上)(図1-5のA、以下同)
- サービス付き高齢者向け住宅(一般)と住宅型有料老人ホーム(B)
- 介護付き有料老人ホーム(自立型)*(C)

　*六〇歳以上で入所時自立。夫婦の場合一人は五〇歳以上で可等の条件があり、介護が重度化すると同じ施設内の介護専用施設へ移る。

なお、サービス付き高齢者向け住宅(一般)と住宅型有料老人ホーム(B)は、実態として要介

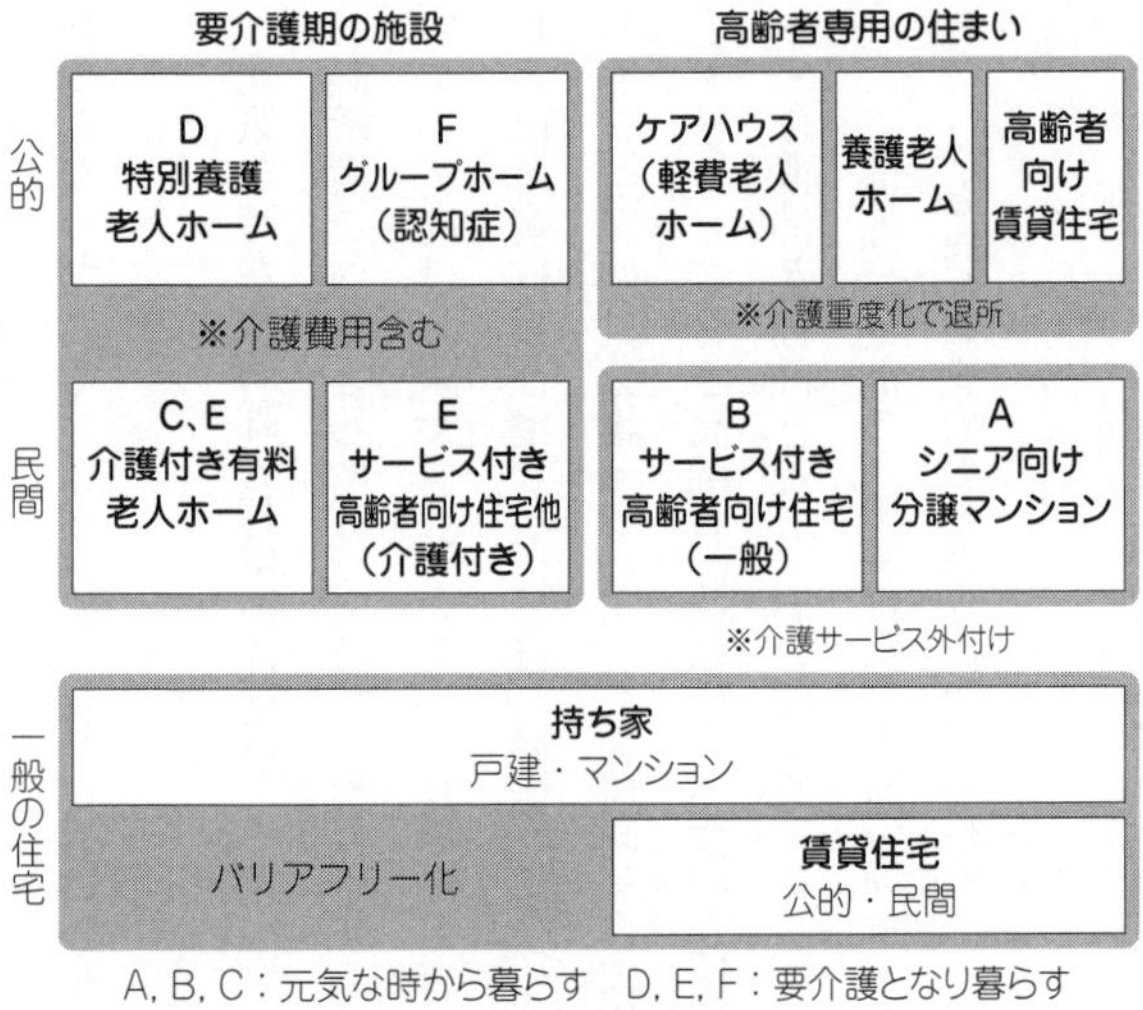

図 1-5　高齢期の多様な住まい

護者の施設化している。

上記の他に、数は少ないが比較的低廉な費用の養護老人ホームや食事が提供されるケアハウス（軽費老人ホーム）、生活援助員による一定の日常生活支援サービス付きの高齢者向け公的賃貸住宅がある。なおケアハウスのなかには介護が重度化しても住み続けられるタイプもある。制度は経年で変わり複雑で、大変分かりづらいので、詳細は各住宅管理者に直接確認して欲しい。

- 養護老人ホーム（環境的・経済的困窮者）
- ケアハウス（軽費老人ホーム、入所には所得制限あり）
- 高齢者向け公的賃貸住宅（シルバーピ

ア等）

要介護となってから暮らす施設

入所条件に介護度が設けられており、要介護者が専用で暮らす施設が該当する（夫婦で暮らせるところは、極めて少ない）。費用は施設利用料金（居住費・水光熱費、管理費、食費）と、介護費用（介護保険による認定度に基づく自己負担額を除く）がパックになっている。ただし、通院介助費などは費用に含まれていない。介護はいずれの施設も施設のスタッフが行う。なお現在は、様々な名称の施設が混在しており、サービス内容が分かりづらいので、支払う料金が介護費用や生活支援サービスなどを含むパック料金かどうか必ず確認したい。

- 介護付き有料老人ホーム（介護専用型）（C）
- 特別養護老人ホーム（原則要介護3以上が入所可）（D）
- サービス付き高齢者向け住宅（介護付き）（E）
- グループホーム：要支援2から入所可能な認知症専用施設（F）

参考までに、介護施設等の定員数推移は図1-6となる。一〇万以下だった有料老人ホーム

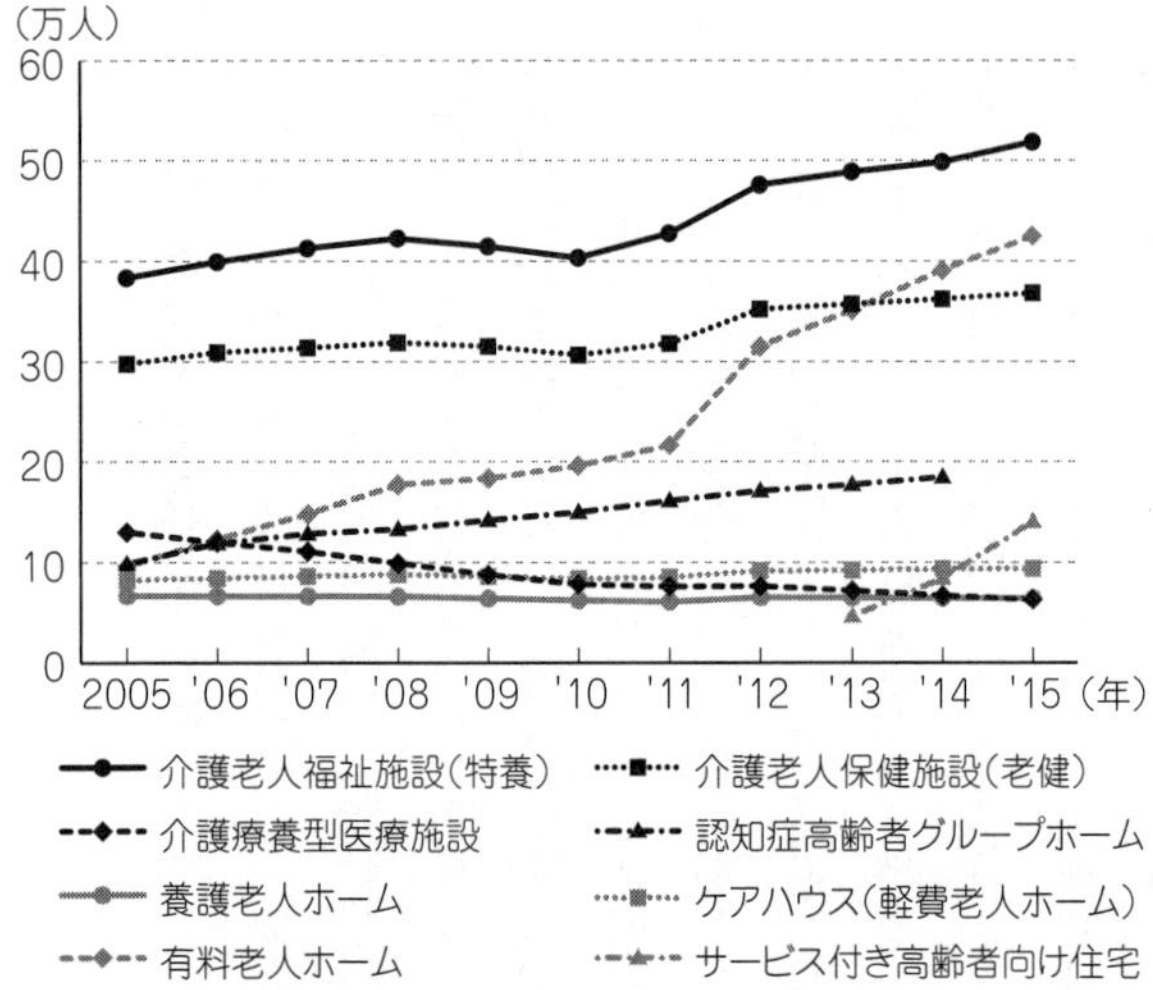

図 1-6　介護施設等の定員数の推移

出所）内閣府『平成 29 年版 高齢社会白書』より

(住宅型を含む)が一〇年間で四〇万を超えて急増しており、特別養護老人ホームの数に近づいているほか、老人保健施設数が多いことが目に付く。介護付き施設の増加は、介護保険の個人負担増に直結することから、前述のように近年は新たに創設されたサービス付き高齢者向け住宅の増加が著しい。社会保障費の増加を防ぐ観点から、これからも制度が見直されるものと予測される。

なお、特別養護老人ホームなどは充足している地域がある一方、都市部では施設の不足が続いているが、マンパワー不足から定員割れしているところもみられるという。

2　家で暮らす

二〇一七年五月の「介護保険サービス統計」によれば、六五歳以上で介護や療養が必要になった時、家で暮らしている人は、要介護1～5の総数四一五万人のうち施設入所者数一三七万人を除く二七八万人で、在宅率は三分の二（老人保健施設と介護療養型病院の一〇％を施設に含み、入院中を在宅に含む）となる。これにほとんどが在宅の要支援1～2の八六万人を在宅とみなして加えると、六五歳人口総数三三四七万人に対して在宅率は九六％程となる。しかし、この数値は実質が介護施設のサービス付き高齢者向け住宅や住宅型有料老人ホームは施設に含まれていないので、これらを除くと在宅率は下がる。

こうしてみると、大半の高齢者は要介護時も家で暮らしていることが分かる。この在宅介護現場の大きな問題のひとつは、荷物が整理されないなか、大きな持ち家でも、設備は古いまま、寒さに震えながら、暮らす人が多いことである。療養や要介護時に家で暮らすには、住まいはバリアフリー化されていることが基本なのだが、八〇代、九〇代で家をリフォームし、片付け、暮らしを見直すという考えは一般化していないだけでなく、介護や療養が必要となった当事者には、それを実行する力がない。このため、要介護の状態になると、介護は重度化しがちである。

加えて、家族機能が低下した世帯が増加しており、これまで同様の在宅ケアの実態が続くなら、介護の重度化により家で暮らすことが難しくなる人は増えていくだろう。一方で民間施設への入所は、年金暮らしの高齢世帯にとって負担が重く、「老後破産」につながりかねない。

こうした状況を防ぐために、以下では「ついの住まい」を選択する際の参考に、要介護時にこれまで住まいの介護力を活かして家で暮らしてきた人の事例を紹介し、介護現場の問題を整理する。

①事例にみる住まいの介護力

住まいが改善されることで、療養や介護といった、厳しく、重い毎日の現実のなか、自分で出来なかったことが出来るようになる。このことは当事者やご家族にとって本当に嬉しい事柄で、体験した人でなければ到底理解出来ないかもしれない。暗闇の中に一筋の光を見るようにも思えるのだろう、異口同音に「もっと早く工事しておけば良かった」と、改善による効果を喜ばれる。以下、自らの理解力と決断力で小さな住まいと暮らしを改善し、自立生活を継続された一人暮らしの方の事例と、工事の結果、誰も想定していなかった、劇的な効果が生まれた事例を紹介する。

要介護時にある程度の規模の工事を行うことは、金銭の問題というより、多くは工事内容を理解し、発注することだけでなく、家を片付け、あるいは転居を手配する、それらすべてを実行する力をもつ家族などがいることが前提となる。多くは、家で「暮らさせたい」との家族の強い思いがその推進力である。こうした経緯を経て工事が完了する頃には、家族のきずなはこれまで以上に深まる。「住まいの介護力」とは、直接的な工事による効果に加え、家族の温かい思いが重なって生まれるものともいえる。

【事例1】　座って調理し、自立生活を継続

八二歳、ご主人が亡くなり一人暮らしとなった女性　要支援1　脊柱間狭窄症

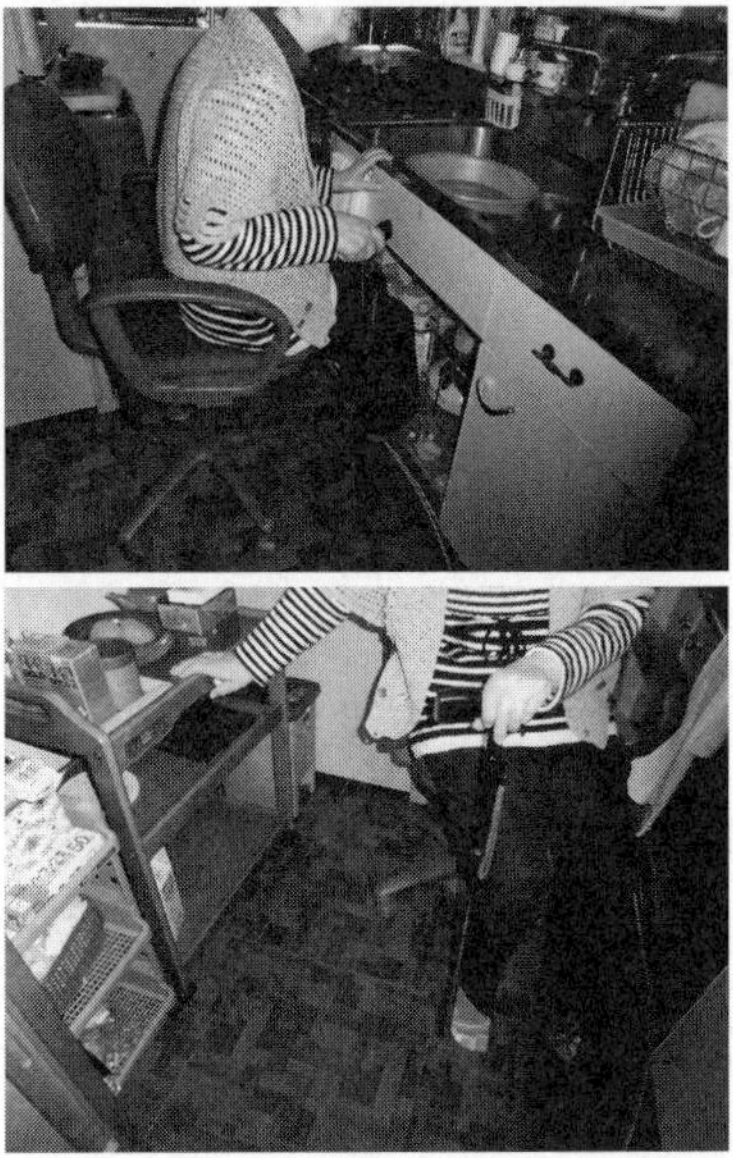

①座って調理し，自立生活を継続

週一回ヘルパーによる家事援助サービスを利用
自宅内で杖使用

工事は、費用がかけられないからと、介護保険内の金額で浴槽を取り替え、台所は扉のみ撤去した。訪問の際、座って調理する方法をアドヴァイスしたが、キッチンには大きな収納棚があり、椅子を置ける状態ではなかった。そこで沢山の食器は不要だろうからと整理し、小さな棚に変え、空いたスペースにワゴンを置けば、生活しやすくなると説明した。

改修後に伺うと、台所の扉は外され、大きな食器棚も小さなものへと替わり、キャスター付きの事務用の椅子、その後ろにはワゴンが置かれていた。食器も軽いものに取り替え、生活し易くなったと話された。チーズフォンデュ用の鍋も大きなものから一人用に替えたと、これまでの生活の楽しみも保たれている。ワゴンは配膳し、そのままリビングダイニングへ押していく。

見習いたい一人住まいの暮らし方だった。高齢期になるとベッド脇やリビングなど、様々なところでワゴンが役立つので、「住まい館」では開設当初よりその活用方法を説明してきた。近頃は色々な機能が付加されたワゴンが通販などでも廉価で購入できる。要支援程度の身体レベルの方の生活は、こうした小さな改善や道具類の見直しでも、有効な場合が多い。

【事例2】 リフォームで延命も

八四歳の男性　間質性肺炎・肺気腫で在宅酸素利用　退院時要介護4

七九歳の妻と二人暮らし　改修総額九三万円（うち一八万円は介護保険より）

退院を前に訪問したところ、「医師から余命数か月と言われたけれど、どうしても家で暮らさせたいが、二階が居室で、トイレ、浴室などは一階のため、このままでは暮らしていけない」と相談を受けた。体力がないなか、酸素吸入を続けながら、一階のトイレまで行くことは不可能だった。

一階には茶の間に隣接して店舗部分があり、台所もある。この店舗部分を居室へ改修すれば、家で暮らせるだろう。仮に数か月の利用だとしても、残された妻のその後の生活の上でも改修は役立つ。工務店は、その改修内容なら一〇〇万円程だろうと即座に提示した。妻は数か月の生活を前提として一〇〇万円程の出資を迷ったが、親族にも相談し、工事を決断した。工事が終わり相当経過してから伺うと、思いの外回復されており、夫婦とも明るく様子を話して下さった。

後に工務店から、「先生凄いよ。余命数か月と言われていたのが、二年以上生活出来たのだから」と、改修の効果を告げられた。長年、仕事してきた場所、気持ちのよい空間での生活は、家族の温かい思いも伝わり、相乗効果を引き起こしたのだろう。

【事例3】　リフォームで気持ち前向き、自力歩行へ

戸建住宅に家族と暮らす六六歳男性　要介護1　脊髄小脳変性症（障害一種一級）

家族が大手ハウジングメーカー系リフォーム会社に全面リフォームを依頼

工事総額は一二六〇万円

訪問した時は、工事内容が決まり、仮移転の直前であった。本人は、床に腰をつけ、ずって移動、二階のリビングから一階への急な階段は、腰を落としながらの危険な状態で移動されていた。医師からはいつ車椅子となってもおかしくない、よくこの状態を保っていると指摘されていたそうだ。図面では急な階段は改善されていたが、通常の勾配と巾だった。これに対し、階段を降りた位置の玄関土間は、車椅子を置いてもゆとりある広いスペースだった。そこで、より安全に移動出来るよう、土間を少し詰め、階段を一段増やすことで勾配を緩くし、一段の踏面《ふみづら》の巾を広げるようアドヴァイスした。この程度の改善なら施工会社もすぐに対応出来ると受け入れ、変更となった。

改修後に伺うと、驚くことに、手摺につかまりながらだが、階段を昇り降り出来るようになっていた。朝起きると一階の自分の部屋から家族と一緒に過ごせる二階のリビングへ移動される。二階にもトイレはあるのだが、訓練だからと一階のトイレまで昇り降りされる。医学的にはありえないことのようだが、リフォームで改善されたここちよい家での暮らしが、気持ちを前向きにしたのだろう。

【事例4】 リフォームで若返る

小さな戸建住宅に住む八八歳女性　一人暮らしでひざ痛・腰痛他（要支援）

一階のみ全面リフォームし、費用総額は約三五〇万円。

リフォームは遠く離れて住む甥主体で行う。

女性は、自宅に浴室がなく銭湯に通っていたが、寒い冬や雨の日に通うのが辛くなった。一階部分を改修し、居室を洋間とし、階段下の狭いトイレを広げ、浴室を設けたい。もう調理はしないので台所は不要とされたが、調理はしないまでも、お茶を飲めて、電子レンジで温めるといった簡単な作業の出来るミニキッチン程度は必要なのではと、アドヴァイスした。その後担当ケアマネジャー（ケアマネ）が丁寧に説明し、この提案を受け入れてくれた。施工会社の担当者が高齢者の住まいをまったく理解しておらず、いくつか問題が残ったため、担当者が替わるという経過を経て、工事は無事終了した。

完成後に伺うと、見違えるようになった家で、にこやかに迎えて下さった。カーテンと同じ布のエプロンをされ、何歳も若返ったようだった。甥御さんがよく面倒をみられるようで、これまでの親族とのお付き合いがあってこその、リフォームだと感心した。

②家で利用出来る介護保険制度等

何らかの理由で、要支援や要介護の状態となり家で暮らす時に、介護保険制度の様々なサービスが利用出来る。二〇〇〇年四月から利用が始まった介護保険は、当事者または家族等による申請後、自治体による介護認定調査、その後の介護認定審査会の決定を受けてからサービスを利用する。申請窓口は地域の地域包括支援センターとなる(不明な時は自治体に問い合わせる)。申請から認定結果が出るまではおおよそ一か月かかる。

入院中でも申請、調査を受けることは出来るので、申請時期など病院のソーシャルワーカーに相談するとよい。なお、末期がんなどで、病院から退院する時にすぐにサービスが必要となる場合は、認定結果が出なくとも、見込みで暫定的にサービスを開始出来るので、地域包括支援センターに相談して欲しい。制度はおおむね五年に一度見直されることになっており、二〇〇五、一一年、一五年度に実施された。一五年度の見直しは、一四年度六月に成立した、「医療介護総合確保推進法」に基づくものである。

制度は、少子高齢化が進展していくなか、今後とも利用者にとって厳しい見直しが想定されている。以下は、いずれも一七年度のものである。

家の中で利用出来るサービス

要介護の判定を受けてから家で利用できる介護保険サービスとして、①家の環境を改善するサービスと、②人によるサービス、③医療系のサービスがある。

①家の環境を改善する　住宅改修、福祉用具の購入、福祉用具のレンタル

②人によるサービス　ヘルパーによる時間単位での家事援助や身体介助

夜間対応型訪問介護（要介護1以上）

定期巡回・随時対応型訪問介護看護（要介護1以上二四時間）

訪問入浴（事業者が持参した浴槽で入浴）

③医療系のサービス　訪問看護（付加：二四時間電話相談、対応あり）

訪問リハビリテーション（理学療法士・作業療法士・言語聴覚士）

（生活指導）　居宅療養管理指導（医師・看護師・歯科衛生士・管理栄養士など）

他に、医療保険によるサービスとして、訪問診療、訪問歯科診療などがあり、介護保険が優

先されるが、医療機関からの訪問看護もある。

このなかで、住宅改修と福祉用具の購入は介護度に関係なく利用出来るが、福祉用具のレンタル、人によるサービス、医療系のサービスはいずれも、要介護度の上限の範囲で収入に応じた自己負担率(一〜三割)で、サービスの利用計画(ケアプラン)に基づき利用出来る。福祉用具のレンタルのなかで、車椅子や介護用電動ベッド等の利用は、介護度により制限がある(近年は比較的低廉な自費レンタルあり)。なお、ケアプランは、一般には担当のケアマネジャーの主導で、当事者や家族などに加え、各サービス提供事業者が一堂に会した「サービス担当者会議」を経て、策定される。サービスのなかには医師による承認が必要な項目がある。

ホームヘルプサービスのうち、下記のサービスはいずれも加齢と共に必然性が増すが、高齢者のみ世帯や一人暮らし高齢者の場合、介護保険サービスの対象外のため、自費での対応を余儀なくされる。

- 通院介助のうち病院内での待ち時間(対応を含む)の付き添い
- 入退院時の付き添い
- 二人暮らしで、一人が健常な場合の調理、掃除、洗濯などの家事援助

・大掃除、部屋の模様替え
・役所の手続き、公共料金支払いなど代行
・庭の草取りや掃除他

なお、これらサービスの大半は各地の社会福祉協議会によるシルバー人材センターなどが事業として実施している（仕事をする人材が少なく、需給のバランスのとれない地域もある）。自治体によっては、通院介助などのサービスを低廉で利用出来るよう独自のサービスを提供しているところもある。元気なうちからこうした自分の住む地域の社会資源に注意を払い、出来る範囲で参加して欲しいものである。

家から通うサービスと複合的なサービス

家から通って利用するサービスは、いずれも施設までの送迎があるが、車の停車場所までは、自分で行く必要がある。このためエレベーターのないマンションや、敷地と道路までの高低差が大きな戸建住宅などでは、送迎車まで家族やヘルパーによる介助が必要となるケースがある。なお、施設では食事やおやつ、レクレーション材料費などは自費となる。

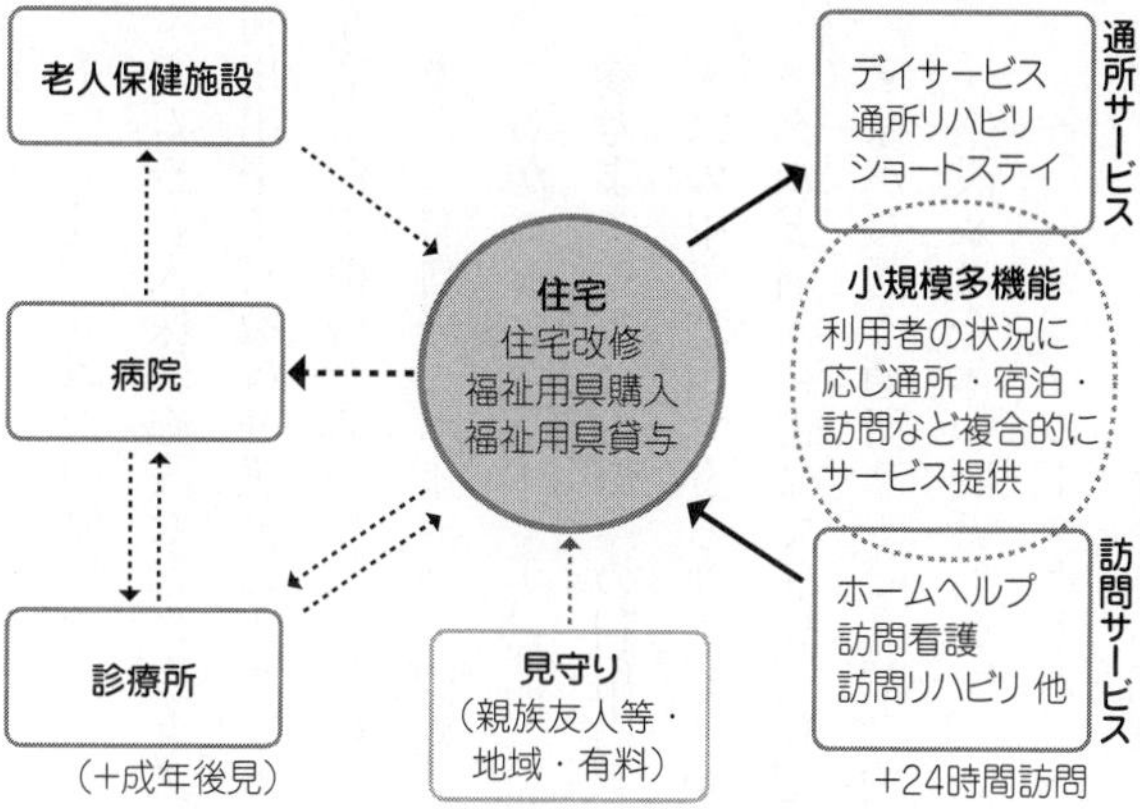

図 1-7　家で利用出来る介護・医療サービス

表 1-1　在宅で利用出来る介護サービス

デイサービス	一般型や認知症対応型があり，昼食を含んだ一日のコースが主流．多くは入浴サービスがあり，自宅での入浴が難しい人が多く利用している(このためにデイサービスを利用する人も少なくない)．
デイケア(通所リハビリテーション)	理学療法や作業療法などによるリハビリテーション．食事なしの半日程度のコースが主流．
小規模多機能型居宅介護	通所サービスを中心に，訪問による介護サービスや宿泊を組み合わせて利用する．サービスは定額料金で他のサービスとの併用は出来ない．
看護小規模多機能型居宅介護*	上記に加え，施設に看護師が常駐し，必要に応じて訪問看護サービスが受けられる．

＊ 2012 年度に医療ニーズの高い人を対象に創設され，退院直後の在宅生活へのスムーズな移行，がん末期等の看取り期，病状不安定期における在宅生活の継続，相談対応などによる負担軽減を目的とされているが，現在のところ施設数は少ない．

上記の他、介護保険制度のなかに、主に家族の介護負担軽減のために短期間、特別養護老人ホームや老人保健施設などに要介護1〜5の人が入所する「ショートステイ」の制度がある。利用出来る日数は介護度によっても異なるが、最大三〇日間。なお、老人保健施設のなかには、在宅生活支援のため一〜三か月の「ミドルステイ」を実施しているところもある。

また、有料老人ホームでも同様の「ショートステイ」や、「ミドルステイ」を実施しているところがある(リフォーム工事期間に利用された方もいる)。

参考までに、介護保険の利用内訳から、介護保険サービスの利用状況をみると、

- 家の中で利用できるサービス類が約五分の一弱で、うち生活環境を変える福祉用具のレンタルと購入は併せて三%、住宅改修は〇・五%とわずかである。
- 家から通う通所サービス類は約四分の一弱と全体のなかで最も多い。
- 施設系は全体の四五%強で、このなかでは特別養護老人ホームが一九%、老人保健施設が各一三%、グループホーム、介護付き有料老人ホーム類と続く。

ただし、この比率は今後の制度改編等により変わっていくものと思われる

表 1-2　介護保険で利用出来る生活改善のためのサービス

住宅改修	福祉用具(購入)	福祉用具(レンタル)
• 手摺の取付け • 段差の解消 • 滑りの防止及び移動の円滑化等のための床または通路面の材料の変更 • 引き戸等への扉の取替え • 洋式便器等への便器の取替え • その他，上記住宅改修に付帯して必要な住宅改修	• 腰掛便座 • 特殊尿器 • 入浴補助用具 入浴用椅子 浴槽用手摺 浴槽内椅子 入浴台 浴室内すのこ 浴槽内すのこ • 簡易浴槽 • 移動用リストのつり具の部分 ※都道府県知事の事業者指定を受けている．特定福祉用具販売事業者からの購入(製作含む)のみ支給対象	• 車椅子*　• 車椅子付属品* • 特殊寝台*　• 特殊寝台付属品* • じょく瘡予防用具* • 体位変換器* • 手摺(工事を伴わない) • スロープ(工事を伴わない) • 歩行器 • 歩行補助杖 • 痴呆性老人徘徊感知器* • 移動用リフト* • 段差解消リフト* • 立ち上がり補助椅子* • 入浴リフト(垂直移動のみ)* • スライディングボード，マット* • 六輪歩行器
原則1人生涯20万円 自己負担：1〜3割	1年間に1人10万円 自己負担：1〜3割	介護費用に含む　自己負担：1〜3割 ＊要支援1〜2，要介護1は原則給付対象外

注）2018年8月より，一部自己負担3割となる．

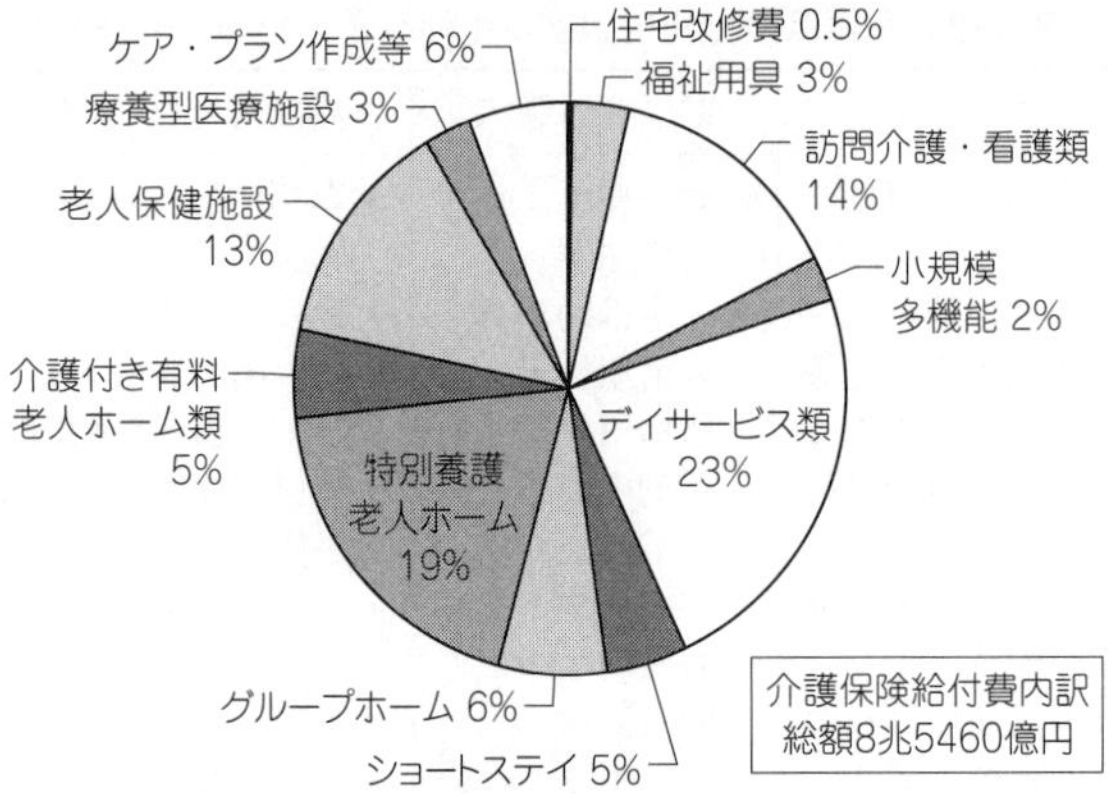

図 1-8　介護保険給付費の内訳(2015 年度)

出所) 厚生労働省「介護保険事業状況」(2015 年度)より作成

③一人暮らしの見守り

見守りは一人暮らしに必須

加齢に伴い、元気だった人でも突然の発症や、転倒などにより、自ら緊急連絡が取れなくなるなどのリスクが増加する。亡くなってしばらくしてから見つかるといったことも度々報道されている。筆者も、家で倒れ人が訪れるまで数日かかり、病状が悪化した事案に何件か遭遇した。

そこで、一人暮らしの高齢者が、将来にわたり安心して家で暮らすには、健康な時から緊急時への対応が出来るよう、何らかの見守り機能を準備する必要がある。こうした観点からサービス付き高齢者向け住宅(サ高住)を始めとする、見守り機

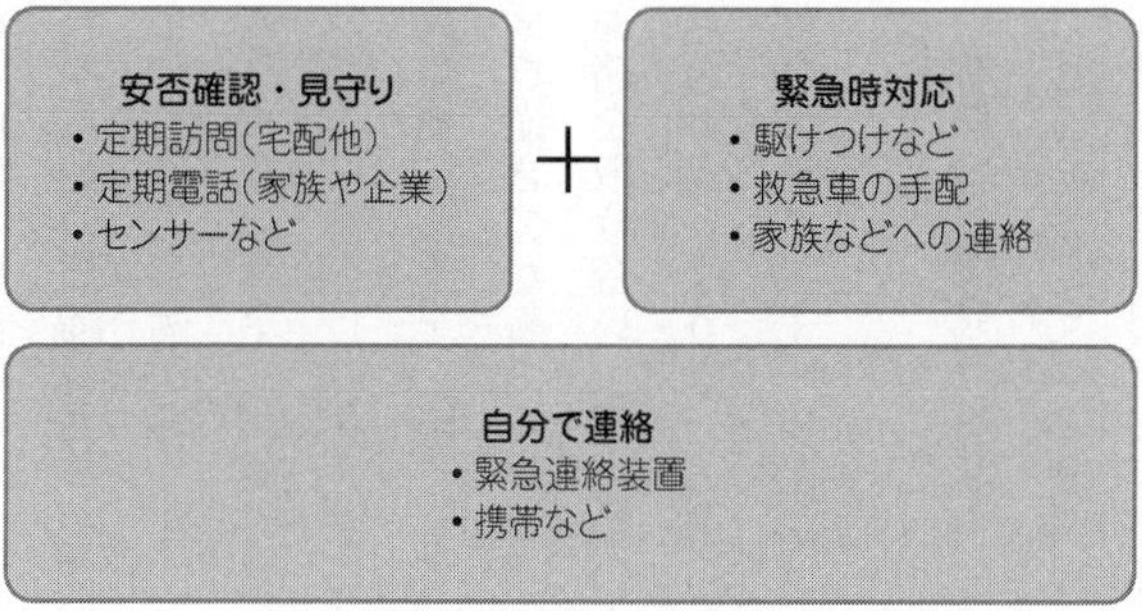

図1-9　一人暮らしに必須の複層的な見守り

能がついた住宅などが整備されてきた。これに対して、ある地域内で様々な社会資源を活用し、日常的な見守り、安否確認を利用する方法がある。

この場合、

- 自分で緊急事態を通報する。
- 外部から定期的に見守り、安否確認する。
- 本人や外部からの緊急時連絡への対応。

といった複層的な準備が必要となる。隣近所や近くに住む友人知人のネットワークなどもこうした機能をある程度補完するだろうが、地域コミュニティが希薄化している地域では、こうしたことだけに頼るには限界がある。

趣味や地域活動の参加が安心ネットワークに

元気な時に、趣味や地域活動に参加することで、地域のなかで日常的な安心のネットワークを築くことが出来る。かつて筆者が関わった調査のなかに、五〜六名の高齢者グループがＮＨＫの朝の連続テレビ小説を見ながら持ち廻りで一緒に食事をされている事例があった。さりげないお互いの安心な見守りであり、おざなりになりがちな一人暮らしの食事も、気のおけない人達との楽しいひと時として充実する。お茶の先生をされていた一人暮らしの女性宅には、教室をやめられてからもお弟子さんたちが週一回集まっていた。長年地域活動を一緒にしていた方は、数人の方が毎日買い物をして届けて下さっていた。八〇歳を過ぎてからあるロックバンドのファンクラブに入られたという女性は、若い仲間と頻繁に連絡を取り合い、年越しのカウントダウンコンサートに同行してもらったりしていた。他にも見習いたいような一人暮らしをされている方々に沢山出会った。趣味にいそしみ、地域活動に参加することも、安心のネットワークとなる。

有料の民間見守りサービス

広く普及している民間サービスとして、手渡しによるお弁当の宅配サービスがあり、カロリー制限や塩分調整などが必要な方向けのメニューも豊富だ。こうしたサービスを定期的に利用することも、安否確認につながる。最近ではスマートフォン等を利用した様々な見守りシステムが廉価で普及し始めている。

孤独死を防ぐ機能として家の中の特定の場所に見守り機器を設置し、一定時間感知しない場合、家族に連絡され、家族がいない場合でも、オペレーターに連絡がいく方式や、呼び出しコールを押すと、緊急時に駆けつけ、不安時には電話相談に応じるといったサービスが様々に組み合わされている。毎日数回オペレーターから安否確認の電話をかけるといったサービスもある。いずれも有料だが、こうしたサービスを利用することで一人暮らしの安心はある程度担保できる。

ただ、一人暮らしのリスクは、緊急時だけでなく、風邪などで体調を崩した時のことなどがあるので、こうした観点からの準備も必要であろう。なお、加齢に伴って、自ら現状を変更し、新しいことへ適応する是非を判断出来なくなると、自身の状況を悪化させることにつながる。一人暮らしの方は、ある程度の年齢に達したら、是非とも自身の安心のために、自分に合った「見守り網」を構築して欲しい。

表 1-3　介護保険を利用出来る人

A：介護保険[第 1 号被保険者]　65 歳以上の人 病気等の原因を問わず，寝たきり・認知症などにより介護が必要，日常生活に支援が必要と認められた場合，介護サービスを利用出来る． B：介護保険[第 2 号被保険者]　40 歳から 64 歳の人 末期がん，関節リウマチなどの加齢による 16 種類の「特定疾病」*により介護が必要になった場合に限り，介護サービスを利用出来る．

＊特定疾病

1. がん【がん末期】(医師が一般に認められている医学的知見に基づき回復の見込みがない状態に至ったと判断したものに限る.）
2. 関節リウマチ
3. 筋萎縮性側索硬化症
4. 後縦靭帯骨化症
5. 骨折を伴う骨粗しょう症
6. 初老期における認知症
7. 進行性核上性麻痺，大脳皮質基底核変性症及びパーキンソン病【パーキンソン病関連疾患】
8. 脊髄小脳変性症
9. 脊柱管狭窄症
10. 早老症
11. 多系統萎縮症
12. 糖尿病性神経障害，糖尿病性腎症及び糖尿病性網膜症
13. 脳血管疾患
14. 閉塞性動脈硬化症
15. 慢性閉塞性肺疾患
16. 両側の膝関節又は股関節に著しい変形を伴う変形性関節症

表 1-4　毎月利用出来る介護度別支給限度額

要支援・要介護認定	1 か月当り区分支給限度基準額（1 単位の単価 10 円の場合）
要支援 1	50,030 円
要支援 2	104,730 円
要介護 1	166,920 円
要介護 2	196,160 円
要介護 3	269,310 円
要介護 4	308,060 円
要介護 5	360,650 円

介護保険の見守りサービス

要介護時は、夜間対応型訪問介護や定期巡回・随時対応型訪問介護看護、緊急時訪問看護を加算するといった介護保険サービスも見守りとなる。いずれも介護認定を受けている人すべてが対象であり、一人暮らしの人に安心感を与える。ただし、介護業界全体のマンパワー不足の問題などもあり、地域によっては事業が成り立っていないところがあり、こうしたサービスが行われている地域は必ずしも多くない。

●夜間対応型訪問介護（要介護1以上）

夜間対応型訪問介護は、毎日二二時から翌朝七時までの間の定時に（時間帯は自治体により異なる）、トイレ介助やおむつ交換などホームヘルプサービスが受けられ、不安な時や緊急時に連絡すると、必要に応じて駆けつけて対応してくれるので、夜間の不安の解消につながる。筆者の経験でも、脳梗塞を起こした六〇代前半の一人暮らし女性（要介護2）が夜間、不安から倒れられたことがあったが、このサービスを利用され、夜間、オペレーターと話をすることで安心されたのか、介護スタッフが駆けつける必要もなく、安定した生活を継続することが出来た。

基本料金一〇〇〇円程度（オペレーションセンターを設置している場合で一割の自己負担）に定期訪問や駆けつけ費用、通話料金がかかる。自治体によっては要支援でもサービスを利用出来るところがある。なお料金はサービス提供地域や体制、サービス内容により異なるので、詳細は市町村の窓口や地域包括支援センターなどに確認して欲しい。

●定期巡回・随時対応型訪問介護看護（要介護1以上）

一日三〜六回前後、ヘルパーが定期的に訪問し、身体介護や生活支援を行う（安否確認のみでも可）。これに、夜間のみではなく、手元に設置された端末機から二四時間三六五日オペレーターに連絡し、相談出来、必要に応じて介護スタッフが駆けつけ対応するところまでが定額料金に含まれている。医療的なケアが必要な場合、医師の判断で看護師による訪問看護サービスを受けることも出来る。訪問看護サービスを受けない場合でも、月一回の看護師による訪問サービスが定額料金に含まれている。

対応時間：毎日22時〜翌朝

- 自宅に専用コール機器を設置
ボタンを押してオペレーターと会話
  - →オペレーターによる本人の状況把握
  - →必要時には介護スタッフが駆けつけ

➡

- 夜間の不安解消（オペレーターとの会話）
- トイレへの移動介助，就寝・起床介助，体位変換，おむつ交換
- 自宅内で転倒・転落時の介助
- 救急車要請
- 主治医などへの連絡（体調急変時）

図1-10　介護保険の夜間対応型訪問介護

●緊急時訪問看護（要支援1〜）

医師の指示に基づき訪問看護サービスを利用している場合、基本サービスに二四時間三六五日いつでも、連絡すれば相談に応じ、必要に応じて駆けつけてくれるサービスを付加出来る。病院が休みの時や救急車を呼ぶまでもないような場合、安心である。基本料金は訪問看護ステーションを利用すると一割負担では約五四〇円／月額となり、緊急時に駆けつけると、その料金が加算される。

自治体で行われている様々な見守りサービス

各自治体では、一人暮らし高齢者に対して様々な見守りサービスが行われている。

たとえば長野県では、二〇一七年九月から坂城町で高齢世帯に通信機能を備えた水道メーターを設置。朝の使用開始を家族へ「元気メール」、八時間以上利用がない時などは「異変メール」を

送付し、家族が訪問し確認する(不在の場合は民生委員などが代行)という「高齢者元気応援システム」が開始された。

東京都武蔵野市では、電話による安否確認(困りごと相談)を行っている。内容は、月額五〇〇円で六五歳以上の一人暮らし高齢者を対象に毎週決まった時間に電話し、体や暮らしに関する状況確認や困りごと相談に応じるというもので、連絡がとれない場合は登録の緊急連絡先へ連絡(必要に応じて消防や警察に連絡)される。

このほか都市部の自治体では、水道やガス事業者や、新聞や生活協同組合やコンビニエンスストアといった配達を行う事業者や、信用金庫といった金融機関など、多様な企業が訪問時に「気になる」異変があった場合、自治体に通報し、対応する仕組みをつくっている。他にも高齢者の困りごとの相談に二四時間三六五日、対応しているところがあるなど、様々に工夫し地域の見守りシステムを講じている。人口が密でない地方では、民間を利用したサービスを自治体が無料もしくは一部有料で提供し始めている。

このように、それぞれの自治体で何らかの見守りサービスが実施されているので、一度確認して欲しい。

第2章
住まいの介護力

これまでの日本家屋、暮らし方などが、高齢期には家での暮らしを危険なものとし、死亡事故や介護の要因となるといった問題を引き起こしている。今や六五歳以上高齢者の不慮の事故死のうち、家庭内事故死は交通事故死の五倍を超え、骨折転倒や浴室の溺死溺水は、それぞれ二倍を超えている。住まいが危険でも誰も直してはくれない。住まいや暮らし方は自分で改善することが前提なのである。一人でも多くの人が、安全で安心な暮らしを取り戻し、健康寿命を延ばすよう、家や暮らしの何が問題となるのか、データや事例を基にそのポイントを整理した。

1　住まいの実情を知る

日本の家はこれまでの伝統文化を引き継ぎながら、各地の生活慣習、新しく生みだされた生活文化とともに、形づくられてきた。筆者の卒業した住居学科では、初めに「住まいは生活の器」であるとして、家の最初の機能として雨露や寒さをしのぎ、外敵から身を守るための縄文時代の竪穴住居から、現代に続く住まいの歴史を学んだものだ。戦後の移り変わりだけみても、かつての大家族から、都市部を中心に核家族が増加し、近年は結婚しない男女が増加するなど家族形態が変化し、炊飯器、洗濯機、冷蔵庫といった、家で使う家電や道具類の普及に伴い、家事も大きく変わった。加えて冠婚葬祭、接客の外部化といった社会慣行も変化し、家に求められる機能は大きく変化した。建築材料や技術、工法の発達もあり、都市部での住まいとして、コンクリート造の集合住宅(マンション)が一般化した。

こうした様々な要因が重なり、住まいは短期間で大きく変化してきたが、近年の急激な高齢化への対応として、高齢期の個人生活の基盤となる住まいの新たな機能が、健康寿命を延ばし、介護や療養時における安全、安心につながることは、必ずしも広く認識されているとは言い難い。老後の備えとしていざという時のためにとりあえず「預金」と考える人は多い。家での暮らしは個人の責任に帰するものとされており、八〇歳、九〇歳を超えるような時期における家での暮らしや住まいを準備するのは、自己責任となる。今や一〇〇歳を超える人も大幅に増えている。こうしたなかでこれから介護や医療を取り巻く社会環境は一層厳しさを増す。それぞれが九〇歳、一〇〇歳を見据えたライフデザインを早めに決める。そのベースは住まいであることを認識し、出来ることから実行して欲しいものである。

①家づくりの慣習に問題あり

バリアだらけの日本家屋

これまでの日本の家の屋内は、スリッパを脱いでも扉の開閉がスムーズなように、廊下と和室、トイレと廊下等に三センチ程の段差があるほか、廊下とリビングの間の開き戸は数センチの下枠を設けてあるなど、段差が多く設けられていた。このちょっとした段差は、加齢に伴い摺り足で歩くようになり、あるいは何らかの理由で歩行が困難になると、つまずき、骨折する要因となる。

こうした住まいの現状を捉え、ちょっとした段差などバリアがある方が、筋力が衰えず良いと主張した記事が散見される。介護の現場からみると、こうした主張には疑問を持たざるを得ない。というのは、元気だった方が、風邪気味でめまいがした時など、段差につまずき骨折した、という例は珍しくないからだ。高齢者にとって骨折は要介護から寝たきりにもつながる重大事故である。筋力の鍛錬は是非とも別の方法で行って欲しい。なお、大きな段差は、そこに段差があると認識して注意をするため、むしろちょっとした段差のほうが危険となる場合が多い。

トイレや浴室の危険な内開き戸

都市部を中心に、これまで襖《ふすま》で仕切られていた日本家屋は、いくつかの個室にリビング、台所、トイレ、洗面といった水廻りを配するnLDKといった間取りが一般化した。これに伴い、廊下と各エリアは開き戸で仕切られた。この開き戸が、高齢期には危険になる。たとえばノブを摑み開き戸を開閉する動きに体がついていけないと、わずか数センチの下枠が障害となり、転倒の危険が増す。

筆者の経験で、一人暮らしの女性のお宅を訪問し、開き戸同士がぶつかる部分の危険性を指摘したところ、その場所で倒れ、ヘルパーに発見されるまで二日程動けず、ダメージが大きかったという事例があった。このケースでは、扉や下枠の改修、危険箇所への手摺設置と並行して、危険な居室から、より安全な部屋への居室の変更、家具の配置替えなどを提案した。

内開き戸のトイレは多いが、冬の寒い時期などに脳梗塞等を引き起こし、中で倒れることもあるので、要介護者のお宅を訪問すると必ず危険性を指摘し、改善をアドヴァイスしてきた。

こうしたなか、改修工事が終わった後に訪問したところ、その家の奥様が「先生のお蔭で主人の命が助かりました。有り難うございました」と涙ぐまれたことがあった。何事かとお聞きしたら「扉を撤去しアコーディオンドアに替えて数日たった夜、音がするので行ってみたら、主人が中で意識をなくして倒れていたが、すぐに助け出せた。地震等の避難の時に妨げになるので廊下に物を置かないようアドヴァイスも受けていたので、片付けていた。おかげで廊下に担架をおけ、緊急搬送出来た」ということだった。

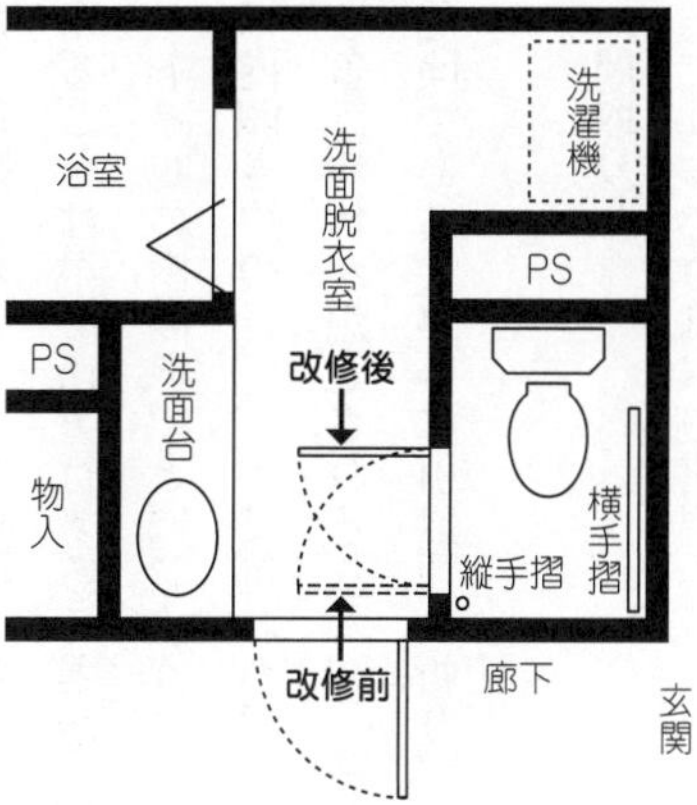

図 2-1　扉の開き勝手の変更
トイレに行きやすく

アドヴァイスをすべて素直に受け止めてくれる方はそんなに多くない。むしろ稀だ。この事例の後、別のお宅を訪問した時に内開き戸の危険性を指摘したところ、過去に扉の開閉に体がついていかず、下枠につまずき倒れてこぶが出来たことがあったので、直さなくてはと思っていたと話された。危険なポイントを理解されても「いつでも出来る、そのうちに」と思われる方は多い。出来ることは早めに実行することが大切だ。

トイレの内開き戸と同じように、浴室の内開き戸も危険だ。浴室は水仕舞の関係から一般には内開き戸のため、中で倒れた場合、トイレと同じように助け出すことは容易ではない。一刻を争う病状が想定されるなかで、救急搬送に時間を要することは命を脅かすことにもつながり危険である。早めに引き戸か折り戸に替えて欲しい。

間取り

これまでの日本の慣習からトイレは「ご不浄」ともいわれ、居室から遠い位置に設けられてきた。玄関脇や階段下などに設けられたトイレの扉は、中が見えないように開き勝手が配慮されてきた。この結果、トイレはリビングや部屋から行きづらく、頻尿となる高齢期には排泄の自立を妨げる大きな問題となる。加えて暖房のない寒い廊下を歩くことで、様々な疾病を起こす引き金にもなっている。

こうした問題を改善するために、居室や居間などからトイレに行きやすいよう扉の向きを変更し、動線を短くする方法がある。向きを変えるだけなので工事は廉価であり、歩行が困難な人にとって効果は大きい。排泄の自立は誰しも望むことなので、見直して欲しいものである。その他、部屋の中でベッドの位置を入口近くに変更することや、トイレに近い部屋に居室を移すといった方法もある。動線を短くする方法としてリビングやダイニングの椅子やテーブル、棚などの配置替えを行うことも有効な場合が多い。

なお、五〇歳を過ぎてからの大規模なバリアフリーリフォームを行う時は、トイレの位置、広さ、扉の形状など大幅に変更することが多い。大規模に改修しない戸建住宅のケースでは、居室の押入れをトイレや洗面に改修するなどして対処している。工事前に「ご不浄が部屋にあるなんて」としぶしぶ工事を承諾された方が、完成後に孫から「おばあちゃんの部屋はホテルのようだね」と言われたと、格段に暮らし易くなった部屋で嬉しそうに話されたこともある。

戦後住生活は、大きく変化してきた。昭和三〇年代からの高度成長時代に日本住宅公団などによる大規模団地の開発、大量建設に伴い、ステンレス一体型流し台を組み込んだダイニングキッチンが普及していくなか、今に続くｎＬＤＫで表現される住様式が確立していった。その後住宅の大型化に伴い、ダイニングキッチンは独立型のキッチンへかわり、近年は対面式キッチンへと変化してきた。こうした流れのなかで、昭和五〇、六〇年代のマンションなどで主流だった狭い独立型キッチンでは、家の中で杖を使い、歩行補助車を利用する状態になり、座っての作業が必要になると、そのスペースがなく、簡単な調理も難しくなる。健康寿命を延ばす上で、高齢期の食事が大切になる。作業のし易いキッチンへの見直しは健康寿命を延ばすポイントのひとつといえるだろう。

②介護の要因と増加する家庭内事故死

男女で異なる介護の要因

介護となることを防ぐために、まずは介護の要因を男女別にみてみよう。最新の二〇一六年国民生活基礎調査では、女性は一位の高齢による衰弱から、認知症、骨折・転倒、関節疾患、五位の脳血管疾患まで大きな差はなく続いている。一方、男性の一位は変わらず脳血管疾患の三〇％弱で、二位の認知症二〇％強と比べてもまだ多いが、〇一年の約四〇％と比べると大幅に減少した。これは食事に注意して運動を行うことで、生活習慣病を改善出来るということが広く認識され、努力された結果であろう。男性と比べて女性の脳血管疾

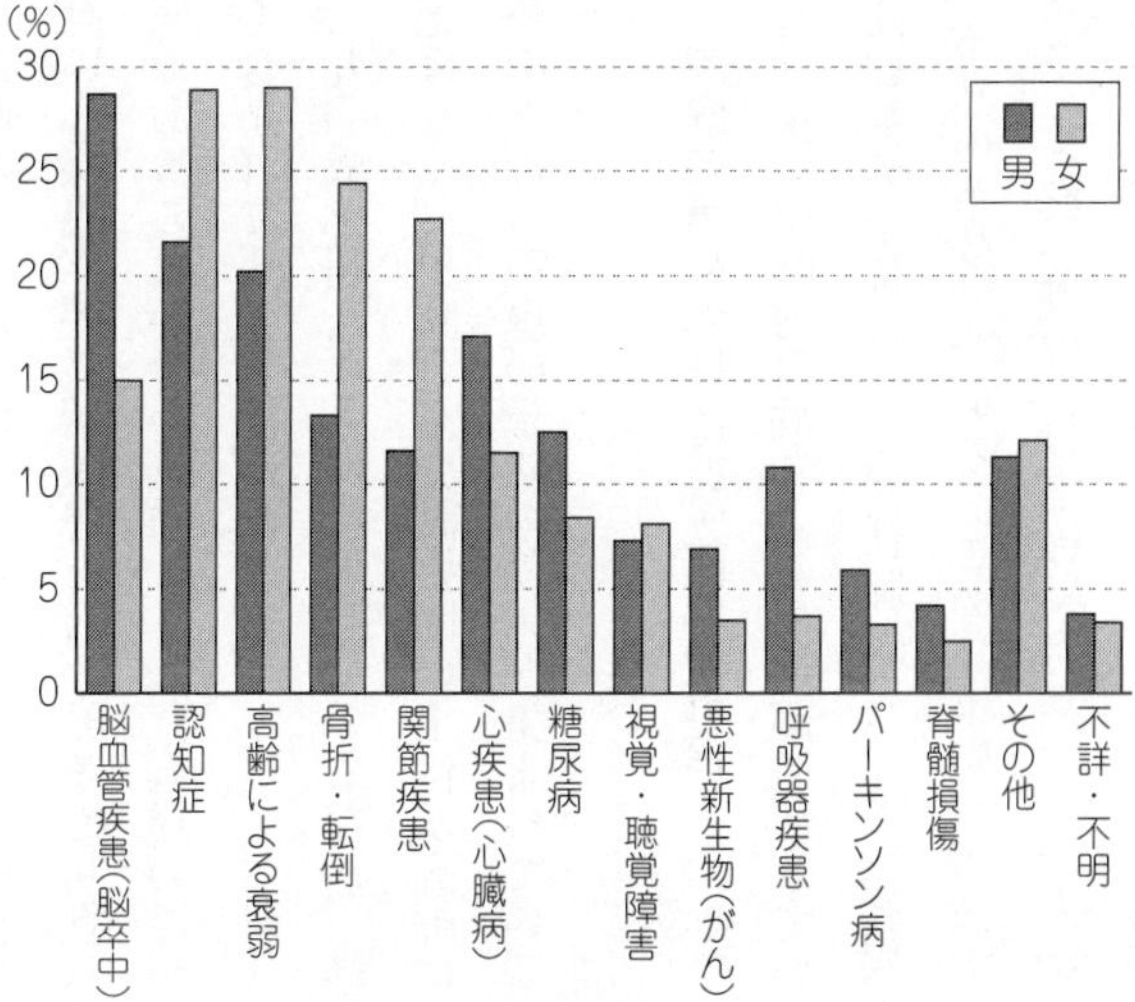

図 2-2　男女で異なる介護の要因比率

注）介護を要する対 10 万人あたりの数値で実数ではない
出所）厚生労働省「国民生活基礎調査」(2016 年)

患が少なく感じるかもしれないが、要介護者は全体で女性は男性の二倍程となるので、実数は女性のほうが多いことに注意が必要である。

なお、認知症の要因の二〇〜三〇％が脳血管疾患によるとされている。食事や運動だけでなく、寒い廊下や洗面、浴室などでの血圧の乱高下を防ぐよう温熱環境にも注意を払いたい。

介護要因のなかで女性は転倒・骨折が約二五％弱、男性も約一三％あり、両者で介護要因の約二〇％ほどを占めている。このなかには家庭内における転倒や転落も多く含まれているものと思われる。また比率は少ないものの男性の約七％、女性の約三％が悪性腫瘍（がん）で、比率の高い心疾患、呼吸器疾患と合わせると男性は約三五％、女性の約一九％が家で療養が必要な状態であることが分かる。こうした人達のなかには、デイサービスに通うことが出来ない人も多く含まれていると思われる。

九〇歳を超える人が増加しているなか、経年の対一〇万人当たりの介護認定者数に大きな変化はなく、男女とも介護要因の上位が高齢による衰弱であることを考えると、全体として介護要因となる疾患の予防の効果が生まれているといえるだろう。

家庭内事故死は交通事故死の五倍

近年、家庭内事故による死亡が増加している。二〇一七年厚生労働省人口動態統計による全死亡数の上位は一位悪性腫瘍、二位心疾患、三位肺炎で、脳血管疾患、老衰と続き、五位が「不慮の事故」である。この「不慮の事故」の四分の三を六五歳以上が占め（二〇一三年度データ）、その三分の一以上の一万二一一一人が「家庭内事故死」で、同年の「交通事故死」の全体四三八八人（六五歳以上二三〇九人）の三倍近く、六五歳以上高齢者では五倍以上にのぼっている。なお、交通事故死は最近の技術の進化などに伴い減少が続いており、二〇一七年は四〇〇〇人を下回った（六五歳以上は二〇二〇人）ので、この差はさらに広がるものと思われる。

それでは、六五歳以上の家庭内事故死について詳しくみていこう。*

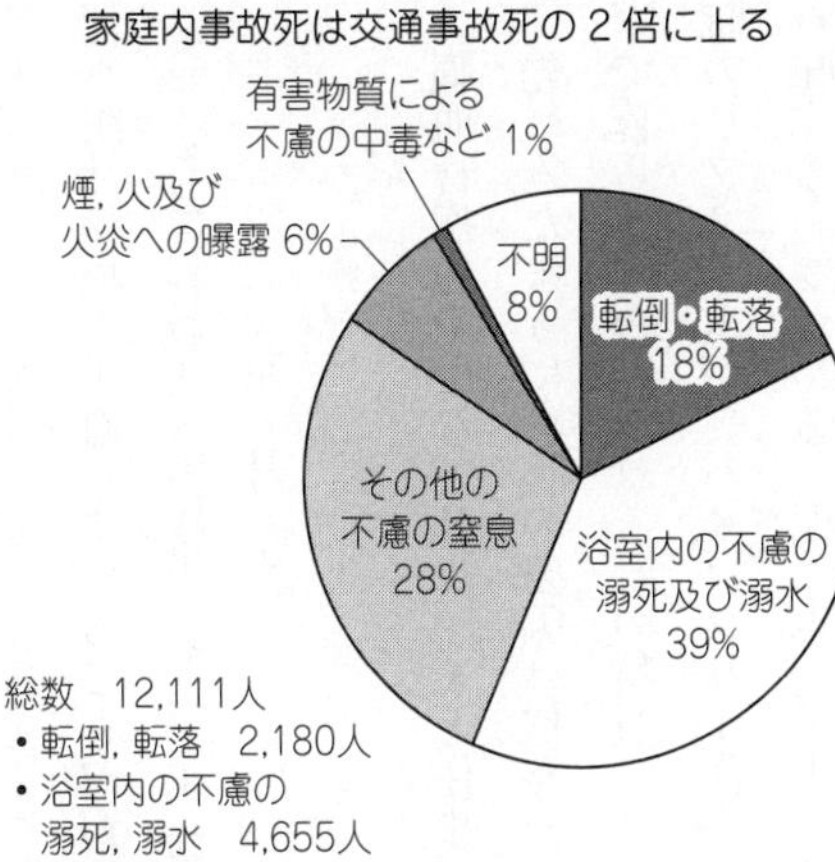

図 2-3 家庭内事故死の要因（65歳以上）

一位は、「溺死など浴室内事故」で四〇％弱、二位が「その他の不慮の窒息」、三位「転倒・転落」の二〇％弱と続く。なお、浴室内では溺死などによる死亡の他、脳血管疾患や心疾患を引き起こし、これを要因とする死亡は溺死などの五倍程あるとされている。死亡に至らなくとも疾病を引き起こし、介護の要因となる例は相当数にのぼると推定される。さらに介護の要因の上位である「骨折・転倒」は、二〇一三年国民生活センターのまとめでは、七七％が家庭内で、うち転落三〇％、階段や居間などでの転倒が二二％である。こうしてみると、本来、安全で安心して暮らせるべき家での生活が、高齢期の身心機能の低下に伴う生活環境と乖離していることが窺える。

＊独立行政法人国民生活センター「医療機関ネットワーク事業からみた家庭内事故――高齢者編」二〇一三年三月公表。

③脳血管疾患やがん、リウマチと住まい

先にみたように介護の要因は様々だが、脳血管疾患、がん、リウマチといった病に罹患し、家で暮らす場合、それぞれの特質によって住まいに必要となる機能は異なる。このため元気な時のリフォームや、バリアフリー住宅に建て替える場合などは、どのような機能を想定するか、吟味する必要がある。仮に車椅子生活を想定するとしても、後で簡単に改善出来るようにしておく方法もある。

脳血管疾患

脳血管疾患の発症年齢は男女とも七〇代が多く、いずれも六〇代より若い世代にもみられる

ので、二〇年以上在宅で暮らすケースも珍しくない。男性の介護要因の一位である脳血管疾患の発症は女性より若い傾向があるので、介護の長期化にもつながっていく。また、八〇代からの発症は介護度が重くなることに直結し、在宅で生活を継続することが困難となりがちである。近年、こうした病気では、発症しても早期治療とリハビリにより相当程度回復するが、ある程度麻痺が残ることは珍しくなく、車椅子生活を余儀なくされるケースもある。

長い在宅生活が想定される場合、退院時に車椅子使用が必要なくとも、在宅生活は状況にあわせ段階的見直しが必要となってくる。従って退院時に住まいを見直す時は、どこまでの身体状況を想定して、プランを立てるかが大事なポイントとなる。

なお、急性期の入院はおおよそ一か月、回復期のリハビリ期間は平均三か月で、最大五か月(重度一八〇日限度)とされている。病院では帰宅に向けて入浴動作、屋内外の歩行、トイレ、洗面、更衣などの動作訓練が行われ、帰宅前には病院の理学療法士などが、住まいの状況を確認し、残存機能を活かしながら生活出来るように手摺の設置や家具の配置替え等、住まいの改善と福祉用具の利用などについて改善プランを作成する。設計者などが改善プランを作成する場合は、必ずこうした専門家による将来的な身体の回復見通しを確認する必要がある。

ただし、理学療法士などがプランを作成する場合は、現状のなかで生活を続けることが前提であり、住まいをある程度改善する視点のものではないことに注意が必要である。加えて病院で有効なリハビリを行い、ある程度回復して家に戻り、通院しながらリハビリに通っている人のなかには、本人や家族がこれまでの生活意識を変えることが出来ず、結果として家で動きづらい床座の暮らしを継続し、身心状況が悪化した人もみられた。こうした面からの見直しも必要となる。

がんなどで療養

近年では、がんなどに罹患しても急性期の治療が終わると退院し、自宅で療養することになるので介護用電動ベッドを置くなどの必要が生じる。筆者は、これまで何度も末期がんで自宅療養されている方のお宅を訪問した。古い戸建住宅のなかには、手摺の設置や福祉用具の利用では入浴が出来ず、浴室全体の改修が必要なケースが多々あった。なかには、容体が急変して浴室の改修が間に合わなかったことも何度かあった。一般には自宅で入浴が困難となってもデイサービスで入浴サービスを受けられるが、がんなどの場合は利用出来ず、清拭などにならざるを得ない。

苦しい闘病のなかでも、入浴可能な時期は入りたいものだ。気持ちよく暮らせる時期を延ばすことは、多少なりとも延命にもつながるかもしれない。一般には、八〇歳を超えると介護に直面する人が多くなるが、がんの発症は男女とも五〇歳を過ぎてから多くなる。なかでも男性は六〇歳ぐらいから急増している。トイレ、浴室といった生活の基本となる箇所に問題が残っている場合は、早めに改善しておきたい。

リウマチ性疾患

六〇代以降の女性に発症の多い変形性関節症や年齢にかかわらず発症する関節リウマチは、手足の指などに変形が生じ、関節、筋肉、骨、靭帯などに痛みとこわばりなどの症状を引き起こす(なかで不治とされてきた関節リウマチは、薬物による新しい治療によりその症状が劇的に改善されるようになってきている)。

こうした疾病に罹《かか》り、指先の自由が利かなくなると、台所や洗面などの水栓やドアノブ、箪《たん》笥《す》や食器棚などの引き手といったものが使えなくなるので、取っ手への取り替えや、扉のないオープンな収納など、使い易いものへ変更する。箸などの生活用品や、服を脱ぎ着のし易いものへ見直すなどして、生活を継続していくことになる。進行状況によっては、屋内移動に歩行器や車椅子を用いるなど、暮らし方、住まいは段階に応じた見直しが必要になる。

リウマチ性疾患に限らず、歩行が困難となり杖などを利用するようになると、家から外へ出る、玄関から門へ続く玉石等のアプローチや、敷地から道路へ出るところに、問題が生じるので、こうした部分の見直しも必要となる。

2　健康寿命を延ばす

加齢に伴い身心機能はある程度低下する。こうした観点から健康寿命を延ばすようテレビや雑誌などで、頻繁に運動や食事による効果とその方法について取り上げられている。これに加えて住まいの観点からの注意、見直しも大切な事柄である。

①家庭内事故を防ぐ

危険！　タコ足配線

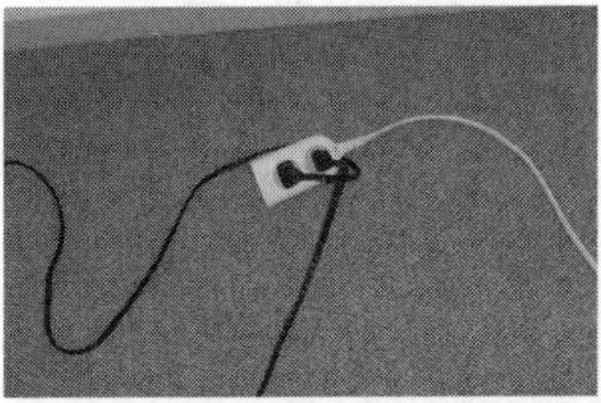

コードは留める

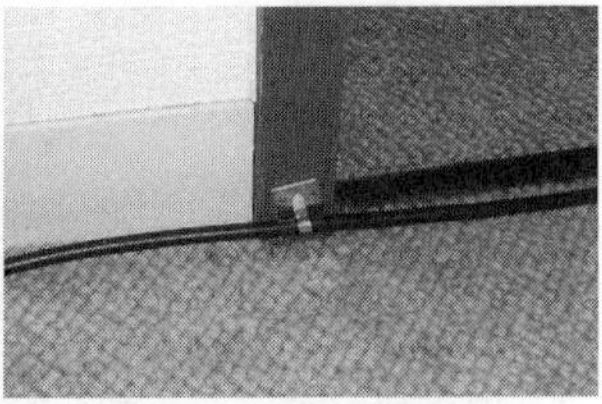

危険！　階段に荷物

②家にある身近な転倒・転落の危険

先にみた安全で安心なはずの家での暮らしが、家庭内事故死や介護要因の上位で寝たきりにもつながりかねない「転倒・骨折」や「浴室内事故」を引き起こしている。家を片付けることや、ちょっとした改修で予防出来ることは多い。気づいた時に、出来ることからすぐに改善することが予防には大事だ。繰り返しになるが、とりわけ内開きのトイレや浴室の扉は是非ともすぐに改修して欲しい。

転倒防止のポイント

転倒防止の第一は整理整頓であり、リビングなどに敷いてある端を止めていないカーペット類など、つまずきの原因をなくすことが重要である。こうしたことは、元気な時なら誰でも自分で出来る内容だ。少し費用はかかるが、ちょっとした床段差を撤去し、階段に手摺を付けるといったことも、大事である。問題あるお宅を訪問した時は、「転んで骨折すると痛いよ。片付けようね」とお伝えしてきたが、要支援程度の人でも、家族などの手伝いがないと、実行出来ない。片付けは早めに生活習慣として身に着けておくべき大事なポイントといえる。

浴室内事故を防ぐ

先にみたような高齢者に多い浴槽内の溺死・溺水は圧倒的に冬場に起きることが多く、日本特有の現象である。室内の温度差がなく、シャワー文化の欧米では、加齢に伴う事故の増加はみられない。溺死だけでなく、浴室内での疾病を防ぐ方法として、まずはヒートショックを防ぐ方策を講ずると共に、入浴温度に注意したい。

脱衣室と浴室の温度差があると、血圧が乱高下し危険となるため、浴室内や脱衣室は十分に暖房する。浴室をリフォームする時は、必ず暖房設備を設置したい。なお、浴室内に暖房器具を後付でとり付ける場合、一〇万円程はかかる。脱衣室の暖房は、一万円以下の廉価な電気ストーブ類を置くことなどで解消できる。死亡や疾病の予防として、必要な経費といえる。ただし、脱衣室で床置きの電気ストーブを使用する場合、衣服類に着火し火事となるケースもあるそうで、十分に注意して欲しい。

また、四五度を超えるような熱すぎる湯は、血圧の乱高下を招き危険なため、四〇度程のお湯で、胸までつかる程度が良いとされている。

なお、万一浴室内で倒れた場合、仮に緊急呼び出しのコールが備わっていても、助けを呼ぶことが難しい事態が想定される。要介護時などは特に注意が必要で、危険を防ぐには家族やヘルパー等がいる日中に入浴するといった方法も事故を防ぐことにつながる。

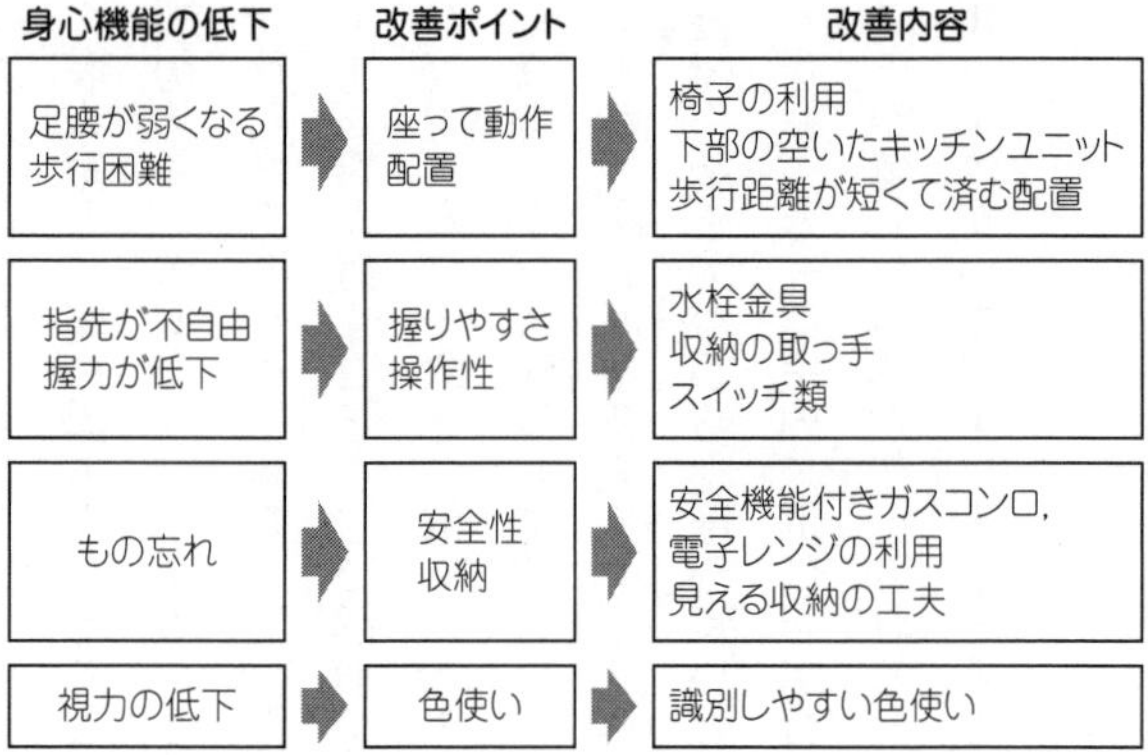

図 2-4　身体機能の低下に伴う台所の見直しポイント

②加齢に伴う疾病を防ぐ

暮らしや住まいを見直すことで、生活習慣病、ロコモティブシンドローム（運動器症候群）といった加齢に伴う疾病を防ぐことにつながる。

生活習慣病を防ぐ

生活習慣病は「長年の食習慣、運動習慣、休養、喫煙、飲酒等の習慣が、その発症・進行に関与する疾患群」（厚生労働省による定義）で、肥満や脂質異常症、高血圧、糖尿病を引き起こし、心臓病や脳血管疾患につながるなど、高齢期の万病の基ともいえるものである。たとえば脳卒中は、脳の血管がダメージを受けて弱くなり、トラブルを引き起こすことで生じる。予防の基礎は高血圧の管理や糖尿病や脂質異常症など、中年以降に発症するありふれた疾患、いわゆる生活習慣病を防ぐこととされている。

このためには運動や食事をきちんと摂ることが大事だといわれているが、加齢に伴う様々な理由で、調理が困難になると、大切な食事がおざなりになる。そこで元気なうちに調理がし易くなるよう、リフォームのタイミング等に合わせて、台所を見直したいものである。なお、台所を全面的に改修しない場合でも、たとえば、操作性の悪い古い水栓は、ホームセンターやネット上で一〇〇〇円程度で販売されているものを利用すれば、誰でも簡単に取り替えることが出来るし、キッチンユニットの中の物を整理し、下部を空け、扉を外せば、椅子に座って調理することが可能になる。

ロコモティブシンドロームを防ぐ

加齢に伴い筋肉や骨は機能が低下していく。このため日常の生活習慣に注意しないと、ロコモティブシンドロームに陥り、身体を動かす骨、筋肉、関節等の機能が低下し、介護の要因の上位「転倒・骨折」「関節疾患」などを引き起こす要因となる。そこで男女とも、四〇代、五〇代から、運動を行い食事に注意することが重要とされており、定期的に移動機能(立つ・歩く・走る・座るなど、日常生活に必要な身体の移動に関わる機能)をチェックすることが推奨されている。とりわけ女性は骨粗しょう症が多いので注意が必要である。

筆者のこれまでの経験のなかに、外反拇趾など足指の変形、左右の足の形状の違いなどによる様々な足のトラブルで、歩行困難となっている人が散見された。こうしたトラブルを避けるため、外反拇趾の傾向がみられる人は、早めの対処が必要である。すでに変形がみられる場合、3Dで足の形状を測定し、足にあった靴を選ぶことも大切である。左右の微妙な違いなどは、インソールで調整する方法もある。靴やインソールは沢山の種類の既成品もあるが、より個人に合うようオーダーメイドでも販売されている。足の変形は長年かかって進行していくものであり、四〇代、五〇代から気をつけたい。なお、何らかの理由で歩行が困難と感じ始めた時には、早めに杖を利用したい。左右でバランスの悪い歩き方をしていると、足だけでなく、体幹の変形も招きやすいので注意が必要である。

③小さな住まいの改修ポイント

ここでは、要介護となった時に行われた小さな改修が生活改善に役立った事例を紹介する。

自宅を「ついの住まい」と考える際に、家をどこまで直す必要があるのか、あるいは費用をかけずに、改修出来るのか、その目安をたてる参考にして欲しい。

不安定箇所の改善

なんらかの理由で身心機能が低下すると、歩行、移動が困難となる。このため歩行補助具を用いたり、手摺を設置したりして、不安定な箇所を改善する。

●玄関の出入り

スペースを確保し椅子を置くことで片足立ちの靴の着脱が安定する。必要に応じて手摺を付けたり、踏み段を置くことも有効である。

●扉の開閉

開き戸は引き戸やアコーディオンドア等へ変更し、あるいは扉を撤去し、必要に応じ暖簾等を代替えとして設置する。開き戸をそのまま利用する場合は、手摺に摑まって扉を開閉すると動作が安定するので、扉の側に手摺を設置する。握り玉式ドアノブはレバーハンドルに変える。

●トイレの立ち座り

必要になったら手摺を設置する。L型の手摺は身体機能が低下すると使用出来なくなるので注意が必要。なお退院などで急に手摺が必要になったら、介護保険制度のレンタルにより手摺を設置する方法がある。

●浴室の出入りや入浴

手摺を設置したり、福祉用具を利用する方法がある。ただし、福祉用具を利用する場合は入浴動作を確認し、福祉用具は使い勝手を試す。*

＊浴槽の縁に着ける手摺（福祉用具購入）を用いる時は、様々な形状があるので、必ず複数試す。

●段差の緩和や解消

はっきりした段差には安定して昇り降り出来るよう手摺を設置する。三センチ程度のちょっとした段差は解消することが望ましい。部屋と廊下の段差は、間取りにもよるが、廊下の嵩上げでなくすことが出来る。部屋を廊下と同じ高さへ下げるより廉価なケースが多い。なお、開き戸の下枠はすぐに撤去することが望ましい。

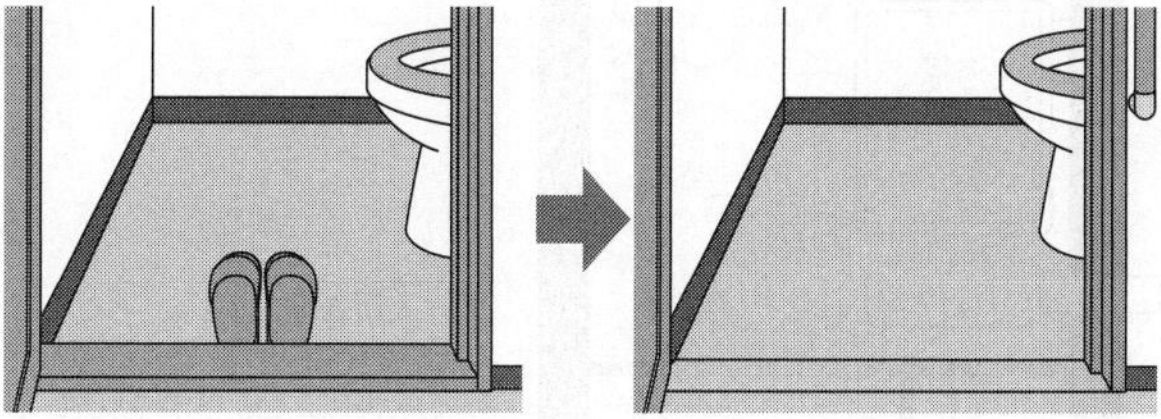

③扉の下枠を撤去する

必要なスペースの確保

療養や介護が必要な状況になると、畳で寝ていた人でも、ベッドや歩行補助具を利用する必要が生じる。こうした場合、部屋を片付けることや、別のスペースのある部屋に居室を変えることになる。スペースを確保出来ない場合、たとえば居室の収納部分を撤去すると、比較的簡単で費用もかからずベッドが置ける。スペースを確保出来ないケースの多くは、使わないものが収納されている家具や、生活に必要ないものがあふれていることが原因である。片付ければ、問題の多くは解決するが、要介護時は、自分でこうしたことを実施することは難しい。加齢に伴い現状を変えることへの抵抗は大きく、家族がいても、拒むことも珍しくない。

なお、構造的に重要でない壁を撤去し、ワンルーム化する、廊下を部屋と同じ高さに嵩上げし、そのスペースを部屋に取り込む、といった改修は、それほど費用が掛からずに大きな効果を生み出

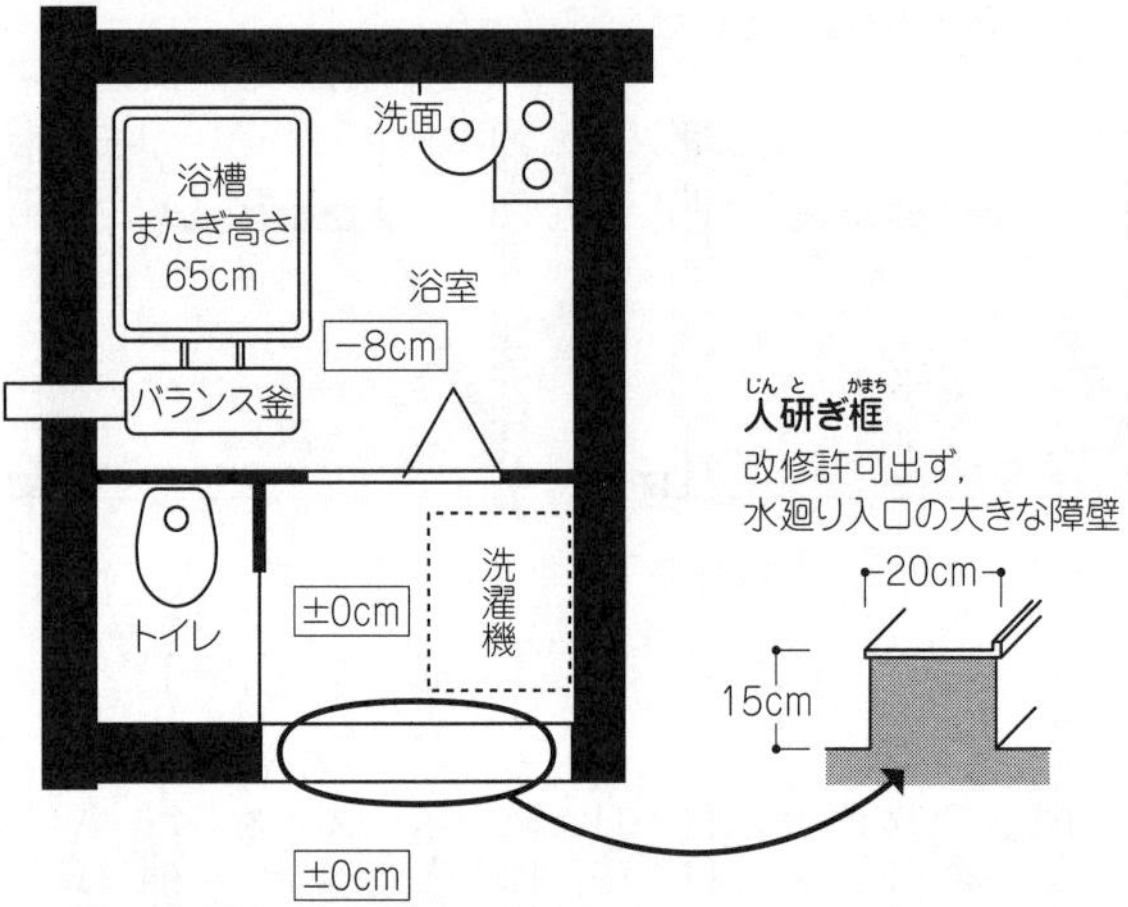

図 2-5　改善が望まれる古い公的住宅の水廻り

すので、建築の専門家に相談すると良いだろう。

古い公的住宅の水廻り

築年数の古い公的住宅(集合住宅)には、高齢者の居住率が三〇%を超えるところも珍しくないとされている。ところが、こうした住宅では、トイレや浴室、洗面と廊下の間に大きな段差があり、生活に大きな支障をきたしている。新築時の仕様が全体として改善されておらず、これまで個別の撤去申請は、水漏れを懸念して許可されていない。こうした障害は高齢者に限らず、誰にとってもないことが望ましいので、貸主の責任で棟毎に改修して欲しいものである。

④道具を見直し加齢と共に暮らす

ここまでみてきたように、加齢と共に家で暮らすには、安全で安心な家となるようバリアフリー化し、温熱環境を整備することが基本となる。これに加えて要介護時の自立生活の継続や、介護の重度化を防ぐには、椅子など家具や様々な道具類、その位置などを見直すことが必要となる。

床座と椅子座

日本人は長い間、床(畳)に座る生活をおくってきたが、足腰が弱ると、座って暮らすことが難しくなる。都市部で暮らす一人暮らしの方など、全体的に活動が低下し、家に閉じこもりがちなので、利用できる椅子類がない場合、軽度の要介護者のなかには、ほぼ一日立ち上がりにくいソファーやベッド上で暮らす人が見られる。こうした生活は、身心機能に悪影響を与え、寝たきりにもつながりかねない。近年、椅子式のこたつが開発されるなど、これまでの生活様式を変えずに生活できる家具も販売されている。床からの立ち座りが、予防やリハビリにつながることもあるが、マイナスに働くことも少なくない。

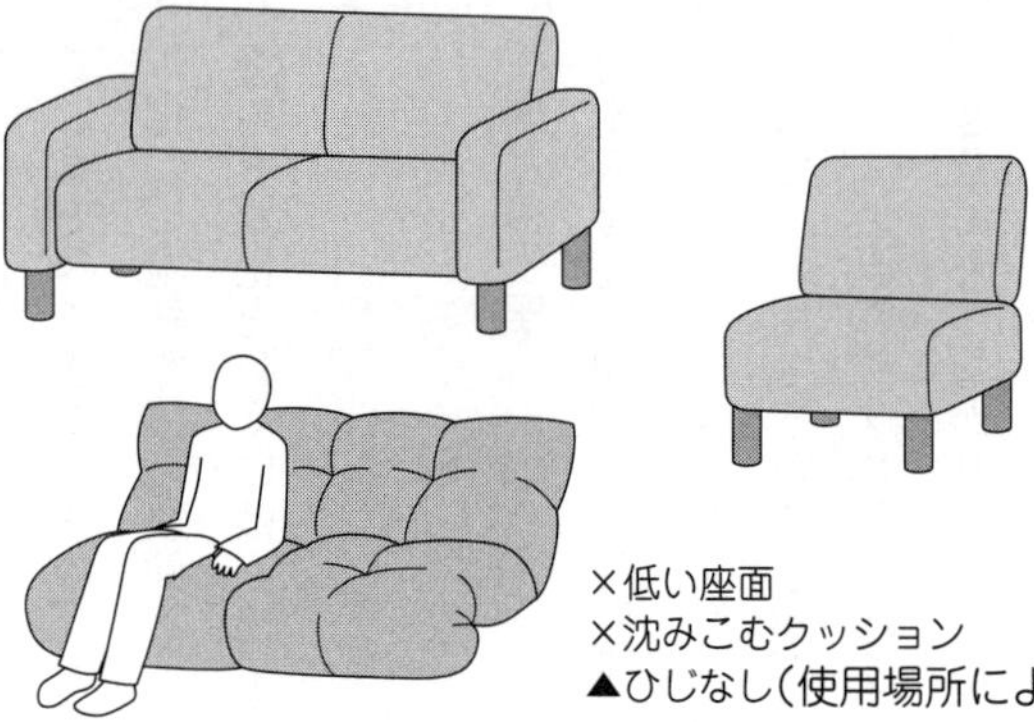

④立ち座りが困難となる椅子類

なお、足腰が弱ると、調理や洗面、着替え、靴の着脱時など、生活の様々な場面で、座って動作することになる。家の中にこうしたものを置けるスペースをとるためにも、やはり早めに家を整理しておくことが肝心である。

調理は電子レンジに

要支援や要介護となると、家庭管理や家事を元気な時のようにこなすことが難しくなる。椅子に座って調理するなど工夫して改善出来ることもあるが、自分で用意する食事は、簡単な調理が中心となりがちである。減塩食やカロリー制限の食事など、きめ細かい調理が必要になると、配食サービスや冷凍食品を利用することも多くなる。このような状況では、調理は電子レンジが主体となる。一人暮らしの方のなかには、ガス漏れや火事、火傷などを心配された家族がガス栓を閉めることも珍しくない。温め専用の電子レンジをダイニングに置き、調理のための電子レンジを台所に置く人もいる。しかし、台所の電子レンジはこれまで必ずしも使い易い位置に置かれていない。

一人暮らしの方を訪問した折りには、使い易い位置を見出せず、家族やケアマネジャーと共に説得し、その場でガスレンジの位置に板を置き、電子レンジを移動したことがあった。こうした見直しは、必要になってから行うことも出来るが、リフォームする時などは、その位置に注意して欲しいものである。

⑤福祉用具の活用

身心機能が低下していくと、歩行や立ち座りなどの動作が不安定になったり、入浴動作に補助が必要になったりする。こうした際、福祉用具を適切に使い分ければ、自立生活の継続、介護度の改善や家族の介護負担軽減にもつながる。

家の床段差をなくし、開き戸を引き戸に替えるといったバリアフリー化の意味の第一は、転倒などの家庭内事故を防ぐことであり、第二は、車椅子だけでなく多様な歩行補助具が利用し易くなることである。なお、介護保険では、福祉用具の購入とレンタルの制度があるが、杖やシルバーカーは介護保険の対象外となる。在宅で介護保険制度に基づき福祉用具を利用するには、所定の手続きが必要となる。なお、制度の改編により利用できる品目が変化しているので利用する際は、自治体や地域包括支援センターなどに確認して欲しい。

難しい選定

福祉用具は種類が多い。たとえば歩行補助の用具は、サイズだけでなく、操作性など細かな機能の違いがあるが、最適な選択が行われていない事例もないわけではない。その理由は、福祉専門職といわれる人たち全般の福祉用具に対する知識が浅いことに加え、供給事業者の扱う品目に限りがあることなども影響していると考えられる。

筆者の経験でも、体格に合わないサイズの歩行補助車などがレンタルされていた例があった。このケースでは、事業者が扱っているサイズが少ないことが原因であった。他にサイズがあることを指摘したところ、事業者はただちに対応した。しばらくして訪問したところ、屋内外で利用する歩行補助具がいずれも利用出来るようになったと、夫婦の顔が明るくなっていた。奥さんの「先生に使っているところを見せてあげれば」の声に、ご主人がマンションの廊下に出て「もう何も問題ない。歩き易い」と満足げだった。そして二人で手を振り見送って下さった。ちょっとしたサイズの違いが、利用者にとっては、歩行出来るか出来ないかの差を生み、二人の毎日の生活には大きな差が生じる。

あるお宅を訪問した時には、退院時に病院の勧めで立ち座り補助のつかない歩行器を購入していたため、ベッドからの立ち座りが困難となっていた。ベッド廻りは狭く、歩行器にプラスしてベッドからの立ち座りを補助する方法は見当たらない。たとえ歩行器を購入していても、介護保険で適切な歩行器をレンタル出来るのだが、その場で勧めるのはためらわれた。よほどの理由がなければ、退院する時に福祉用具を自費で購入することは止めるべきである。家族に介護保険のレンタル制度の知識がないことを責めることは出来ない。病院が注意すべきであろう。

なお、現在、福祉用具に関し個人が具体的に見学や相談できる機関はほとんどない。テレビや雑誌などで福祉用具の利用、効用が取り上げられる機会は少なく、知識が一般化しているとは言い難い。介護保険制度を利用する際に行われるサービス担当者会議（当事者、家族、ケアマネジャー、ヘルパー、福祉用具事業者など）も、浅い検討になる傾向がある。なお、在宅で利用する福祉用具の選定については、ケアマネジャーはカリキュラムの関係から専門知識が少ないため、主に福祉用具事業者が計画する。訪問リハビリを利用している場合は、理学療法士などが関与する。

第3章
バリアフリーの家で暮らす
介護・療養の事例

要介護時にバリアフリーの家で暮らすことで、本人の状態が改善したり家族の負担が軽減することはある程度知られている。しかし、その実態、効果が広く理解されているとは言い難い。そこで住まいのもつ介護力の理解を深めるよう、「ケアの質の七〇%は住まいで決まる」と言われる、その実態の詳細を二事例で紹介する。

最初の事例では、七〇歳から同居した筆者の実母が九〇歳で要支援となってから、九八歳の現在までを紹介する。母は加齢に伴い骨折、心不全等様々な症状に見舞われるなか、前の状態に戻ることはないものの、要介護1の状態を保っている。その大きな要因は、福祉資源が豊富な地域のバリアフリー住宅に転居し、状況に応じて福祉用具を活用したことなどである。

加齢に伴う様々な症状への対応には「若い時の病気治療」とは違う「寄り添う医療の選択」を心掛けた。そして今、良いケアチームに恵まれ、穏やかな自立生活を継続させている。

第二の事例は、これまで筆者が認知症の方の住まいのリフォーム事例に立ち会ってきた経験から、八〇代後半でアルツハイマー型認知症を発症した男性宅を大規模にリフォームした例である。認知症にはリフォームは禁物との医療、福祉関係者の固定観念が根強くあるなか、リフォームにより、徘徊や不穏行動など認知症の周辺症状が治まるなど驚くべき効果をあげた。大雪の冬も床暖房の設置、断熱ガラスへの取り替えやトイレへの暖房機の設置といった、温熱環境の改善により、本人のみならず家族の健康も保つことが出来た。

リフォームは、住み慣れた家で暮らさせたいとの家族の強い思い、息子夫婦の行動力で可能となった。そして息子夫婦の同居からまもなく判明した本人のがんも、家族皆で介護し、看取りまで行った。今、住まいは六〇代の息子夫婦、残された八〇代後半の母親のこれからの生活の安心にもつながっている。この二事例では、住まいの介護力だけでなく、要介護時における様々な課題への対処、経過も紹介する。要介護時の在宅生活の様子の一端を理解する一助となり、自らの「ついの住まい」を選択する時の参考として欲しい。

【事例研究・1】福祉用具活用し九八歳・自立生活継続中

母は九〇歳で要支援1となり、九八歳の現在は要介護1である。今は心疾患のため外出もままならないが、家で福祉用具を活用しながら、ホームヘルプサービス、訪問リハビリなどを利用しながら自立生活を継続している。住まいはバリアフリー化されているため、要介護となった時もリフォームの必要はなく、手摺を付けるなど介護保険による「住宅改修制度」の利用で済んだ。

この間の在宅生活のポイントは、状況に応じた福祉用具の活用であろう。ただし、家具の配置替え、生活用品の整理など部屋の模様替えは、それなりに大変だった。九〇歳を過ぎると、新しいことを理解することが難しく、なんでもまずは「嫌」と答える。それでも必要なことは家族の判断で実行してきた。要介護者の身の回りの様子を観察し、必要なポイントは支える。そんな役回りの人が高齢者の側には必要だが、家族機能が低下したなか、残念ながらケア現場では、おざなりにされているともいえる。作業療法士などが高齢者宅を訪問し、見守りや様々な生活指導を始めたところもあるようだ。こうした支援は、病気や介護予防にとって大事なポイントとなるだろう。

①住まいを選択（八九歳・二〇〇八年一二月）

九州に住んでいた母が同居することになったのは、父ががんで二度の手術を受け三年弱の闘病を経て亡くなり、三回忌を過ぎた頃、プールで一過性脳虚血発作を起こしてからだった。九州には母の兄弟姉妹はすでになく、頼れる人はいない。一人暮らしの不安があり、娘二人が住む東京で、孫の面倒をみて、娘を助けたいとの希望もあり、今の年齢なら新しいところにも馴染むだろうと決断した。一九六〇年頃、数年東京で暮らした経験があったことも、東京への転居にためらいがなかった要因であった。

母は、要介護になるまでの二〇年間、家事をこなしながら、様々な趣味にいそしんでいた。長年続けていた洋裁の他、九州時代から継続していたスイミングスクール通いは九〇歳で倒れるまで続けていた。九州で学校の友人や同窓生と一緒に続けていたお茶のお稽古は、東京でも近所に先生をみつけ週一回通っていた。他に書道や絵手紙、俳句を市の講座で始め、講座がなくなってからもいずれも継続していた。なかでも、絵手紙は現在でも通信教育を続け、数は少なくなったが今も年賀状に書いている。関東在住の女学校時代の同窓生二名からの誘いで月一回の「童謡の会」にも参加していた。こうした多面的な活動が認知症予防につながったと思われる。

筆者の娘も嫁ぎ、母が九〇歳になる前に、万一介護が必要になっても家で暮らせるようにと、夫婦と母、三人の生活に合う住まいを娘たちのところから徒歩二〇分程度のところに選択した。マンション選びの前提は、床段差がなく、必要な広さがあり、エレベーターが設置されていることに加え、考慮したのが医療・福祉資源だった。選択した地域には高齢者医療の中心となる総合病院があり、訪問診療、訪問看護、訪問リハビリ事業所を運営していた。加えて福祉マンパワーの充実も大きな要素と考えた。地域に筆者の同級生が故郷の親の介護が出来ないので、こちらで人の役にたつようにと専門外だった講習を受け、ヘルパーとして勤務した後、ケアマネジャー(以降ケアマネ)の業務に携わっており、地域の福祉マンパワーが充実していることを聞き及んでいた。

用意出来る資金は限られており、選択したエリアのなかで、家を選ぶとき、駅近くの狭い家か、駅から少し遠いがバス停から近く、駅まで徒歩一五～二〇分程の範囲で探した。結果としてバス停の近くで、広さなどを優先して家を選んだ。駅までの距離は運動、バス停から家が近いことは雨の日や買い物を運ぶ利便性となり、タクシー代わりともなる。デイサービスにも通えず、ほぼ一日家で過ごす今の母の生活には、段差がなく広さを優先した住まいが自立生活を継続出来るベースとなった。ケアの質の七〇％は住まいで決まると、以前より認識はしていたが、日々その意味を感じ暮らしている。

以下、母の加齢に伴う様々な病気などにどのように対応してきたかを紹介する。

②九〇歳から要支援1に

嘔吐で倒れる（九〇歳・二〇一〇年一月）

引っ越してから一年程経過したお正月過ぎの夜八時頃、切迫した様子で名前を呼ぶ声がする。あわてて駆けつけると、嘔吐し、廊下で動けなくなっている。すぐに救急車を呼んだが、嘔吐の原因が耳か脳かを巡り搬送先病院が見つからず一時間程経過。やっと隣市の市立病院で入院不可を条件に受診出来ることになった。救急車の隊員に聞いたところ、九〇歳を過ぎた人は入

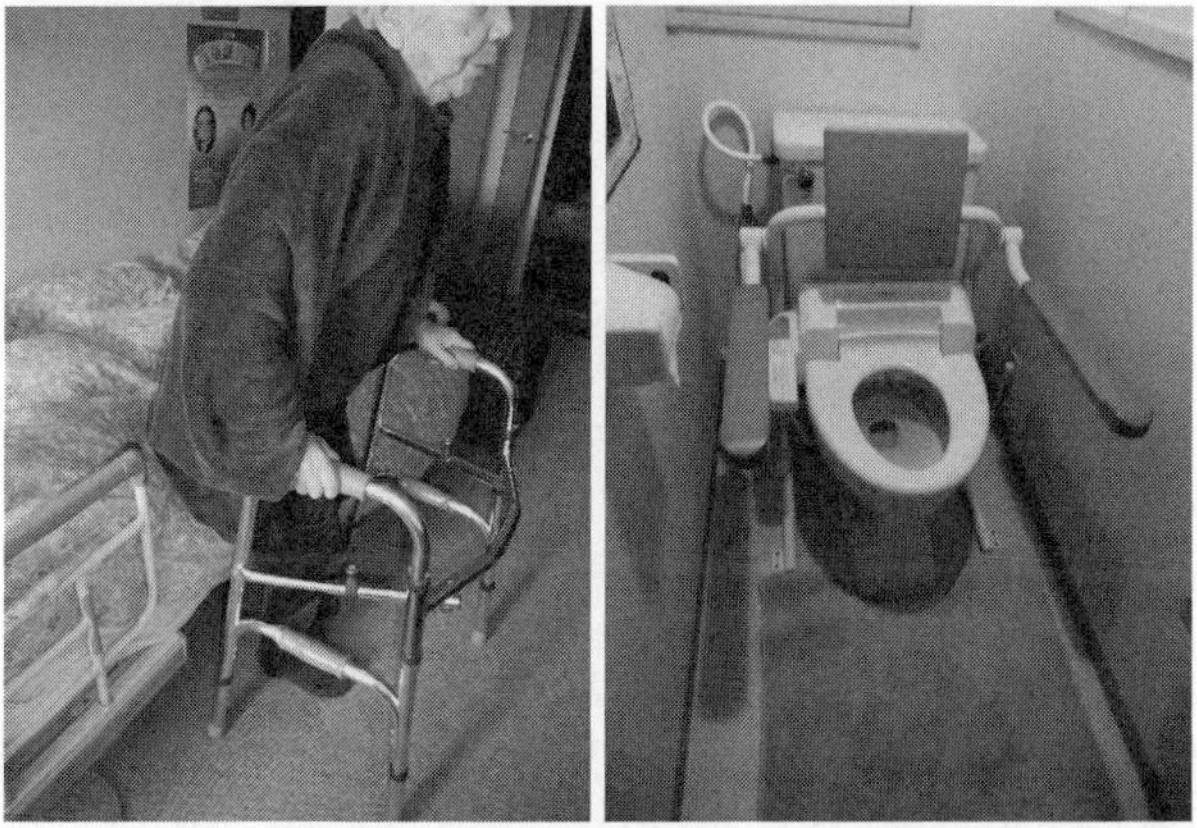
地域包括支援センターから
緊急に借りた歩行器
トイレに手摺を設置
（住宅改修）

⑤急性期に利用した福祉用具と手摺

院すると、退院がままならないことから受け入れを拒む病院が多いとのこと。入院させたまま、旅行に行くなど、問題家族も少なくないらしい。

母は点滴を受け、嘔吐が止まり、なんとか家の車で深夜自宅へ戻る。病院では次の日に近くの病院で診察を受けるよう指示された。帰宅するように促された際、再度容体が悪化することはないか尋ねたところ、点滴で症状が収まっているので大丈夫だろうと素っ気ない。

その夜は母の部屋に隣接しているリビングで就寝。翌朝、ケアマネをしている友人に電話で相談。友人が市の福祉センターが車椅子を無料で貸し出してくれると、すぐに手配してくれる。まったく動けない母を、なんとか事務用椅子に乗せ車まで運び、途中で車椅子を借りて近くにある地域の中核病院へ行った。病院ではかかりつけ医の紹介状がないので受診出来ないと一旦拒まれたが、この状態でかかりつけ医に行くことはとても出来ない。昨晩対応した緊急医から病院に行くように指示された旨を伝え、ストレッチャーで運ぶような状態を見てもらい、やっと受診出来た。

嘔吐の要因が想定される耳鼻科で受診したが、原因が特定出来るまで入院は不可とのこと。自宅に戻るなら訪問看護が必要と思い、すぐに地域包括支援センターに連絡する。夕方には地域包括支援センターの看護師二名が歩行器を持参して訪問してくれた。看護師は母の落ち着いた様子から、訪問看護の必要なしと判断。介護保険の申請時期についても相談した。地域包括支援センターに良い人材がいてくれたと安心した。

その後、病院では脳疾患の可能性など検査するも原因は特定出来なかったが、徐々に回復に向かう。認定調査からおおよそ一か月後となる二月はじめ、要支援1の通知がきた。しばらく通院し、療養する。後に母は数日前より具合が悪かったのを我慢していたとのことだった。我慢は禁物なのだが、同年代の人は皆、我慢強い。

デイサービスを探す

療養で衰えた筋力回復に向け、介護保険で利用が可能でリハビリの出来るデイサービスを探す。母は以前から膝が悪く(水が溜まる)、外反拇趾のため歩行に問題があり、補聴器を利用しても聞き取りは困難な状態だった。このため、短時間の施設を探したが、近所には空きがないとのことで、プールでの歩行訓練を念頭に沿線を数か所見学した。少し遠いが送迎可能とのことで、プールでの歩行訓練の出来る独立した大きな施設に決める。都内でこれほど大きな単独のデイサービス施設はない。こうした施設の存在まで考慮して、住まいを決めたわけではなかったが、四月より週一回一日コースに通う。施設は充実しているが耳が聞こえないため、様々なアクティビティへ参加出来ず、プールでの訓練以外は時間を持て余している様子。

一二月に近くの理学療法士が常駐する半日のデイケアが空くというので、これまでのデイサービスを辞め、週一回通うことになった。この施設は家を探す際に考慮したポイントの病院が運営しているところだった。

③加齢に伴う傷病を乗り越える

泌尿器科で手術（九二歳・二〇一二年一月）

加齢に伴い、母は様々なトラブルに見舞われた。九二歳の頃に頻尿、尿漏れが酷くなり、膀胱炎を繰り返すようになる。たまたま筆者の同級生の友人が手術を受けていたことが分かり、何度か電話で相談した。五〇歳過ぎてから高齢医療福祉の分野で博士号を取得し研究をしている友人は当時、「欧米では普通に手術が行われているが、日本では手術できる病院、医師が少ない」との実情や、評判の先生を教えてくれた。すぐにネットで調べ、家から車で三時間程かかるところだったが電話した。先生は「九〇歳を超えた人の手術は未経験だが、本人の状況次第だから」と診察して下さることになった。

病院では、手術可能との診断を受ける。術後数日は病院通いが必要となるが、入院施設はない。遠方からの患者は、ホテルから病院に通うことになるので、手術を受けるか家族で相談し連絡することになった。

帰りの車中、母は即手術を希望したので、すぐ病院に連絡すると、折り返し病院から偶然手術日に空きがあったとの連絡があり、比較的早く日取りが決まる。手術まで病院に行く必要はなく、手術一時間程前に病院へ行けばよいとのこと。ホテルは少し離れているが、旅行に行ったつもりでと海の見えるリゾートホテルを予約し、妹と交代で二泊ずつ泊まることにした。手術は三〇分程度で無事終了。母は術後すぐに歩け、手術頑張るからとおっしゃっていた先生と記念写真を撮った。入院しているよりホテルに泊まるほうが自由で、眼前の海を見ながら過ごす部屋は気持ちよい。入院施設をつくらないという病院の意図がよく理解できた。

自宅に戻り、一か月後に再診したが、問題なしとのことでひと安心。半年後の再診を最後に、病院へは行っていないが、経過はよく、酷い尿漏れや頻尿、膀胱炎に罹ることはなくなり、外出も出来るようになった。くだんの友人は、その後日本では手術が一般化してきたが、母のような八〇歳を超える高齢者は不明で、手術前の母のような状態から寝たきりにつながる人もまだ多いのではないかと話していた。

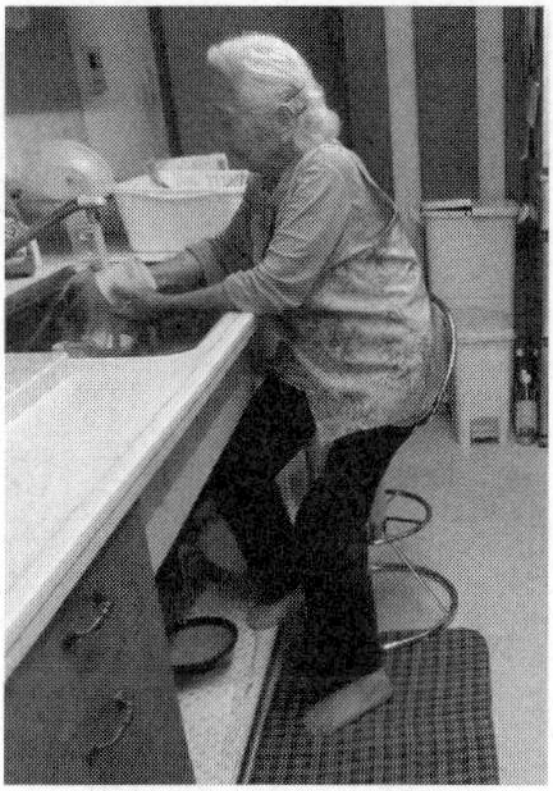

⑥要支援でも椅子に座って調理

④自立のポイントは福祉用具

外で転倒、骨折し要介護1へ（九三歳・二〇一三年四月）

体力が回復してきたので、理学療法士に相談しながら本人希望を第一に、運動と歩行の訓練をかね、二本の杖で歩くポールウォーキングを購入し、休日には一緒に散歩を始めた。回復してきたとはいえ、杖を使わず外出出来る状態ではなかったので、何度も注意していた。そんな矢先、杖をつかずに外出し転倒。夕方帰宅すると、母は出来る範囲でと食事の用意をしていた。足を引きずっており、歯が少し欠け唇も切れているので、どうしたのかと聞くと、外で転倒したとのこと。胸や足を打撲したが、足に特別な痛みはなく、腫れもなかったそうだ。

掃除のおばさん達が倒れた母をマンションの入口まで抱えて連れてきて、たまたま通りすがった下階の女性は、玄関まで連れてきてくださったとのこと。大きな腫れはなかったが、とりあえずアイシングした。ただ歩くのは痛いからと、松葉杖を欲しがったので、妹が大昔使用していたものを探し出した。夜遅くから腫れと痛みが増し、一晩アイシングしたが治まらないので、翌日土曜日だったが、整形外科を受診。そこで右膝半月板にひびが入り、膝も腫れ内出血していたことが判明し、注射で内出血を一本程抜いた後、湿布とギブスで対応することになっ

急性期：トイレからサイドケイン（歩行補助つえ）を使い車椅子へ移乗

回復期：車輪付き歩行器を利用（後に前部のみ車輪付き商品を自費でレンタルし，病院で利用）

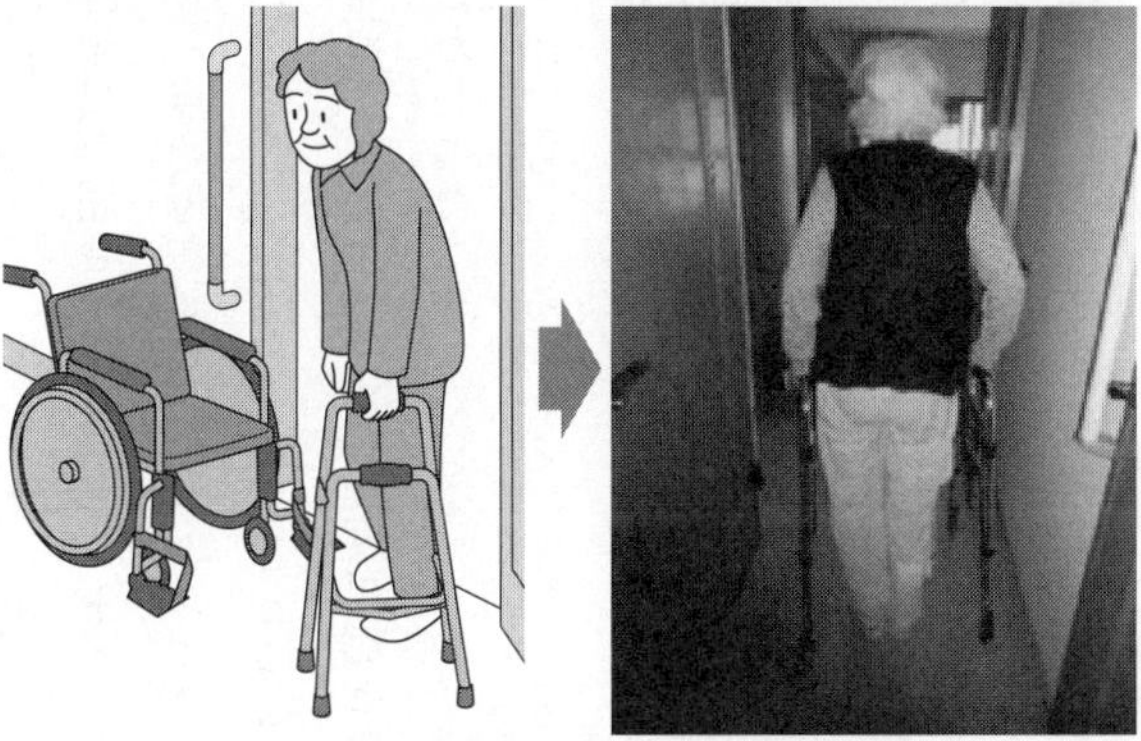

商品：スライドフィット（ユーバ産業㈱）

⑦急性期から回復期へ　福祉用具を使い分ける

た。全治一、二か月で一週間は安静が必要と診断された。

すぐに、これまでお願いしていた福祉用具事業者に連絡し、自走式車椅子を依頼した。事業者の方も状況をよく理解してくださり、夕方には希望した回転範囲が最少の六輪車椅子が届いた。母は車椅子にすぐに慣れ、自分で操作し、トイレまで移動。数日後、ケアマネと福祉用具事業者と相談し、要支援2になるとの想定から、介護認定の区分変更を申請し、変更見込みでサービスを手配することになった。

翌日からホームヘルプサービスを昼食時一時間依頼することになり、その日の夕方にはヘルパー事業所代表、主任がみえ、翌日からの依頼に対応して下さることになった。事業所の方は二人ともベテランで安心した。数日後依頼していた福祉用具が届き、車椅子や、トイレから車椅子までの移動と、車椅子への移乗を補助する福祉用具三点を母が試し、レンタルすることが確定した。あわせて、トイレの手摺を二か所追加し、浴室にも三か所設置することになり、位置と材質を決める。なお、要支援2の場合はヘルパー派遣(一時間)は週三日程度可能となる。オーバーなら自費で対応する予定だったが、その必要はなかった。

なお、母は骨折する前から、左膝が悪く水が溜まり、整形外科で数回水を抜いていた。骨折から回復した時に、母は医師から老化により膝の軟骨が摩耗しているので、週に一回ヒアルロン酸の注射を受けるように勧められたが、治療は「ずっと(生涯)続く」ことを確認し、母の治療に伴う負担や家族の病院通いの負担なども考慮し受けないことにした(同院の非常勤医師から老化現象だから治ることはない。痛みが強くなったら水を抜けばよいと言われていた)。

熱中症を機に温熱環境を改善(九四歳・二〇一四年八月)

九四歳の時、母は熱中症で昼食時に嘔吐した。たまたま土曜日で家族がすぐに対応出来た。

その日の内にこれまで拒んでいたエアコンを購入し、数日後に設置。常日頃加齢に伴い温度差を感じなくなるので注意が必要と思っていたが、まさかこんなことになろうとは。今でもクーラーをつけるように促すと「暑くない」と一旦は否定する。暑さ寒さを感じなくなっているから、こまめに携帯メールで注意を促し、ヘルパーさん達にも注意するようお願いしている。日中、テレビをつけているのでテレビの注意喚起も本人の自覚を促すよいきっかけになる。年をとると暑さ寒さを感じにくくなる旨、メディアを通した注意喚起の呼びかけに加えて欲しいものである。

嘔吐後、暑さ対策だけでなく寒さ対策の為に、二年にわけ家のガラスを断熱ガラスに取り替え温熱環境を改善した。この結果、ガラス面の結露問題も解消した。頭ではその効果を理解していたものの、実行には至っていなかった。もっと早く工事しておくべきだったと反省している。

白内障の手術を受ける（九五歳・二〇一四年九月）

母は随分前から白内障だったが、手術は嫌だと言っていたのでその意志を尊重していた。ある時、食べ物の種類を聞かれ、相当見えなくなっていることが判明。耳がほとんど聞こえない状態で、目まで見えなくなったら大変と手術を考える。夫が眼科医の友人に電話して様子を伝えると、九五歳なら手術出来るだろうが、年齢としては限界、とのアドヴァイスを受けた。近くの病院ですぐに診察を受け、二度に分け二泊ずつ入院し手術を受けた。一日数回の点眼もヘルパーさんにもサポートしてもらい、乗り切る。これである程度の視力は確保出来た。ひと安心。

白内障は誰でも加齢により罹る病気である。術後の点眼管理が大変なのでもっと早めに手術しておくべきだった。

⑤家具の配置替えで寝たきりを防ぐ
心不全で倒れ要介護2に（九五歳・二〇一五年六月）

朝、母が起きてこないので、部屋に行くと、呼吸困難に陥っていた。声を出して助けを呼ぶことも出来ず、屋内間で緊急を知らせるコール機器は母が手の届かない位置に変更していた。すぐに救急車を呼ぶ。病院で心不全を起こしていることが判明。心臓が肥大し、肺まで水が溜まる状態で、心臓の弁はすでに固くなっている。高齢のため手術は出来ないが、利尿剤で対応する。もっと早く薬を飲み、利尿しておけばここまで酷くなることはなかったと先生に指摘される。かかりつけ医での定期検査で心臓の数値が相当悪化していることは分かっていたが、年だから検査はもういいのではと言われていた。

心臓に問題があるのは七〇代後半には分かっていたとのことで、もっと早く検査をしていれば、手術も出来たのにと悔やまれる。心臓が悪いのは仕方ないとの母の言葉に、調べもせずに放置していた。体に大きな負担のかかる検査、治療でなく、高齢でも対応出来る方法はあることを知り、無知を後悔する。少し病気について調べなければと、まずネットで検索。再発の可能性が多く記述されている。

入院で相当体力が低下している。五〇キロあった体重が四〇キロを切った。低下した機能が十分回復しない段階で、急性期病院からそのまま自宅に戻しても、夫婦共に仕事をしているなかで、家で療養させるのは難しい。こうした状況を総合的に判断し、近くのこれまで「デイケア」に通っていた、いわゆる「老人病院」への転院を早い段階で決め、緊急病院の担当医師に相談し、病院を手配した。介護保険認定の区分変更申請時期もソーシャルワーカーの判断で転院前に受けることになった。

急性期　すぐにベッド上でリハビリ開始、寝たきりになるのを防ぐ

入院期間おおよそ三週間

回復期　運動や脳トレなど　一日二〜三回のリハビリ

入院期間おおよそ二か月

転院した病院は、住宅を選択した際、その存在を選択ポイントとし、母がデイケアに長年通っていたところだ。リハビリには顔なじみの理学療法士が沢山いる。自宅へ来てくれていた訪問リハビリの理学療法士も心配して病室に顔を出してくれたという。母も安心して過ごしている。「数独」の好きな母は脳トレ用のペーパーも楽しんでいる。筆者は入院中はほぼ毎日病院に通った。体力がある程度回復してから、退院に向けた準備に入る。なお病院内には母の状態に合う自費レンタルした歩行器（骨折時に一時家で使用していた）を持ち込み、使用した。

模様替えで、介助し易く寝たきりを防ぐ

八月中に退院し、家に戻るには、介護し易く、車椅子なども使い易いような模様替えが必要

であった。これまで何度も模様替えを勧めたが、その都度、今のままでいいと拒まれてきたが、これからの在宅生活を考えると変更するしかない。

細長い母の部屋は寝室部分と、起きて過ごせる部分の二つに分ける。これにより、空間が分離でき、生活にメリハリがつくだろう。好きだった洋裁はもうやめるというので、スペースをなくす。着ない洋服の入っていた整理箪笥は他に移動。同じような服などが何着もあり、少々驚く。着ない服や使わないバッグ、アクセサリー、読まない本などを処分し、使えるものは皆に分ける。母は二度の転居で相当荷物の整理は出来ていたはずなのに、こんなに大変だとは思わなかった。

仕分けしながらの荷物整理と並行して、ポータブルトイレを置いても福祉用具が使えるスペースを確保し、動き易くなるよう家具を配置した。これで部屋の中は伝い歩き出来るようになる。楽しみなテレビは回転台を置き、ベッドからでも見られるようにした。これまで寝ながらテレビを見ることなどなかったが、これからは心臓に負担がかからないよう時々横になる必要があるので、必要な配置だ。

⑥ケアマネ、ヘルパー、理学療法士、福祉用具事業者の輪

退院後のケアプラン

ようやく準備が整い、八月末に退院した。すぐに九六歳になったが、これからはほぼ家だけの生活になる。入院時に介護認定区分変更申請を行い、要介護2の判定となった。母のケアプラン策定に向け関係するケアマネ、ヘルパー、理学療法士、福祉用具事業者が集まるサービス担当者会議が開かれ、プランに従いサービスを手配する。

もう歩行補助車を使って買い物のための外出は出来ないが、外出は好きなので車椅子を使用してヘルパー介助による買い物は継続することになった。

しばらくして理学療法士の判断で店内のみカートを押しての歩行許可がでた。リハビリのためにデイケアに通うのも体力的に無理なので、平日の外出は買い物と訪問リハビリの時だけとなる。食事の時に嘔吐したことがあるので、毎日昼食時三〇分のヘルパー介助をお願いし、リハビリなどサービスと訪問看護(週一回：緊急時対応含む)などで、平日一日二回は人が入るようにし、日常生活の安定と見守りの体制とした。骨折した時に、入浴介助が大変だったので浴室の扉は内開き戸から折り戸へ変更した。これでシャワーキャリーを使うことになっても安心。

強度の貧血で再入院(九六歳・二〇一五年一一月)

しばらく低血圧(上が一〇〇以下)が続いていた。そんなある朝、起きてこないので部屋に行ってみると、「もうだめだ。起きられない」と言うので、病院に行こうとなんとか促し、すぐに車で連れて行く。血液検査の結果、極度の貧血と判明し、即座に入院。下血の可能性があるとのことだが、高齢でもあり、精密検査はしないことになった。貧血が治まるかと心配したが、幸い下血も止まったようで回復へ向かう。三週間程の入院である程度体力が回復し、年末には再び自宅へ戻れた。

穏やかな日々、要介護1へ(九七歳・二〇一六年)

退院後、徐々に回復に向かい、体重も四〇キロ代後半へ戻る。前年の二度の入院がウソのような穏やかな日々が戻る。洗濯物をたたむなどの軽作業も行えるようになり、介護認定も要介護2から1へと改善した。認定区分の変更に伴い、週一回の訪問看護を取り止め、月に一回へ減らす。担当医師から体力のある間は通院し、難しくなったら訪問診療に切り替えればよいと

安定期：小ぶりの歩行補助車

商品：シンフォニーSP(㈱島製作所)

回復期：安定性の良い
歩行補助車

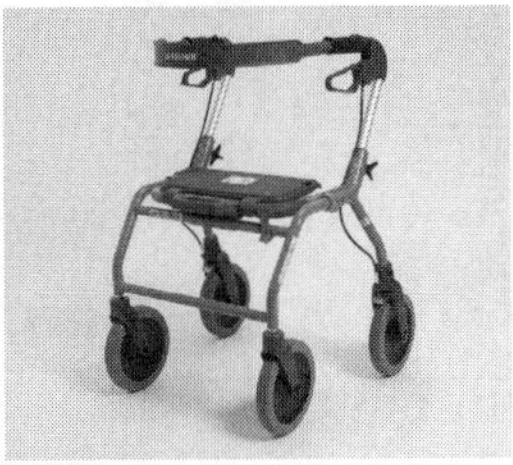

商品：オパル(ラックヘルスケア㈱)

⑧歩行補助車を使い分ける

言われる。通院は月一回から一か月半へと間隔が延びた。脚にも少し筋力がついたようだ。

ある日、担当ケアマネから「買い物は歩行補助車で行きたいと言っている。理学療法士の判断は無理とのことだが、どうしますか？」と連絡があった。即座に理学療法士の判断に従うように伝える。母は回復してくると、自分でいろいろ出来る気になるが、ヘルパー、理学療法士、訪問看護師などからすぐにケアマネへ連絡が入り皆で相談し、的確に対応してくれる。本当に良いチームに恵まれたと感謝する日々である。

自立ポイントは歩行補助車と椅子

このように九〇歳から九八歳までの間、母は加齢に伴い様々な問題に直面した。大きくは嘔吐し要支援となった時、転倒して膝にひびが入った時、心不全を起こした時の三回だが、その都度、前と同じ状態には戻らなかったものの、ある程度回復出来た。転居の時に介護を想定して家を選んだので、母が要支援から要介護となっても、介護保険の制度にある「住宅改修」や「福祉用具の購入」と「福祉用具レンタル」を利用はしたが、リフォームの必要はなかった。家具の配置替えや荷物整理の大変さはあったものの、介護保険制度のホームヘルプサービス、訪問リハビリや訪問看護などを利用することで、家族は大きな負担なく対応することが出来た。サービス担当者会議でもよく自立生活を維持出来ていると感心されている。

その大きなポイントは、屋内で歩行補助車が利用出来ることである。この機器を使用することで自分が行きたいところまで動けるだけでなく、飲み物、洗濯物から生け花用の花を運ぶことまで、人手を借りることなく出来る。ものが運べるということは、大事なことだ。歩行の補助のみだと、何をするにも他人の手を煩わせることになり、自由度は低下する。生活は不活性化し、生活意欲は低下するので、寝たきりにもつながることだろう。現在の母が自立生活を継続出来ているのは、こうした道具が使える住まいであることがその大きな要因である。まさにケアの質の七〇％は住まいで決まると言われるゆえんである。

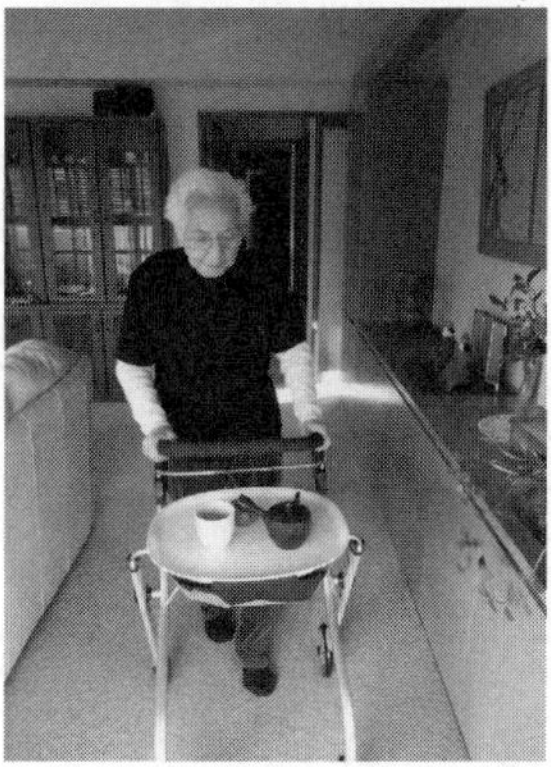

⑨歩行補助車を活用

なお、母は耳がほとんど聞こえないが、緊急連絡用に二〇〇二年(八二歳)年頃から携帯電話を持たせている。これは、住宅改修アドヴァイザーとして訪問した時に、緊急連絡の方法をご家族から聞かれ、「住まい館」でも緊急通報装置だけでなく、携帯を緊急連絡の方法として案内してきたことによる。二〇一〇年七月(九〇歳時)には、妹が母に携帯メールを教え、マスターした。翌年の東日本大震災の時は、このショートメールで連絡を取りあった。心不全による退院後は近畿地方に転居した妹から母に毎日メールが届く。こうしたサポートも母の気力を保つことにつながっている。

心不全で倒れ二年を過ぎ母の安定した状態をみて、医師から「一〇〇歳は通過点と思って下さい。怖いのは転倒、骨折などの事故」と注意を受けていた。そんな折り、母が家で尻餅を付いた時、膝が痛く脚に力がないのでなかなか立ち上がれず、私も上手く介助出来なかった。一人の時同じ状況になると人も呼べないので心配である。

翌日、ケアマネに、「訪問リハビリの時に立ち上がり方を訓練して欲しい。併せて、骨折後にあっという間に背骨がS字にカーブし、長く座っている椅子(クッションを背もたれの間に置いている)にずっこけ座りしているので、姿勢保持の良い方法がないかみて欲しい」と依頼した。母の様子をみた後、すぐに訪問リハビリの理学療法士から電話があり、訓練した結果、立ち上がり方法を母はよく理解した。家族が側にいる場合は、すぐに手を出さず様子をみて必要な介助を行うよう、その方法を教えてもらった。姿勢保持のためには当面、補助にバスタオルを一枚使う方法で経過をみることになった。

⑩穏やかな暮らしへ

これからも母は加齢に伴う様々な症状(病気)に見舞われるだろうが、寄り添う医療を選択し、介助を行っていきたい。そして、これからは自分達家族が、多少なりともそれぞれ自分の時間を持てるよう、関西に住む妹に近い場所へ旅行に連れて行ってもらうことや、母に合うところが見つかればショートステイの利用も考えたいと思う。

【事例研究・2】　認知症に有効だった大規模リフォーム

アルツハイマー型認知症(要介護2)の父親を在宅で介護したいと、知り合いの夫婦がリフォームの相談にみえた。自宅の訪問、設計を経て完成まで足かけ一年半、二期にわけた工事が行われた。工事費は一期工事八三〇万円(消費税込み)、二期工事約七〇〇万円(外装工事等除く)。そんななか、完成直後に家族から「思いもかけぬ新しい家になりました。有り難うございます」「この間、父は要介護2から3へ進んだものの、驚くべきことに、症状が大幅に改善しました」と嬉しい声を頂いた。

そこで、機会があれば事例を公表し、多くの方の参考になればと考え、リフォームを主体的に担った息子夫婦(以降夫婦と称す)に、忌憚《きたん》のない感想などを文書としてもらった。文面から、一期工事が終了すると、両親の生活環境が大幅に改善し、父親の自宅内夜間徘徊がなくなったこと。二期工事終了頃にはさらに症状が改善し、夜間トイレも見守りは必要なものの一人で行けるようになるなど、生活全般に様々な改善が見られたことが記されていた。

ところで、認知症の方の大規模リフォームは、一般に、「環境を変えることが悪化につながる」と認識されていることから、公表されている例はほとんどない。そのため、工事に対し医療や福祉関係者の抵抗感は強かった。家族も、毎日の生活・介護の大変さのなかで、リフォームの決断から設計・工事と初体験の数々。完成までは紆余曲折だったが、やりとげた家族の満足感は高かった。

二期工事が終わり、夫婦が完全同居した数か月後、父親が末期がんであることが判明し、それから半年も経ず、家族みんなに家で看取られ亡くなった。家族は「間に合って良かった」と家での介護・看護に満足した。認知症にリフォームが有効である事例として、家族の了解のもと、その詳細を紹介する。

①介護に困り相談

本書をまとめるにあたり、改めて父親の病状、これまでの経緯を伺った。最初に介護認定を受けたのは、相談にみえた数か月前で要介護1の判定が出た。その後要介護2となり介護の深刻度が増し、相談に来所された。相談からおおよそ二年後となる二期工事開始頃には要介護3、さらに一年後に要介護4へと進行した。介護認定を受けて亡くなられるまで四年弱だった。

なお、父親のアルツハイマー型認知症が判明したのは、車の運転中に軽い自損事故を起こし、それを機に受けた診察がきっかけだった。事故のおおよそ一年前に、物忘れの症状が気になり、かかりつけ医の診察を受けたが、問診をすべてクリアし、発病は見過ごされた。この結果に家族はホッとし、物忘れ外来など専門機関で診察を受けようとは思わなかったそうだ。後に最初に専門医に行けばよかったと思ったようだが、認知症を疑い、専門医の診察を仰ぐことは、家族にとってハードルは高い。

介護認定を受けた時は、家族は相当なショックを受けたが、母親の強い希望で、家で介護することになった。夫婦も有給休暇をとるなどして、頻繁に通い、サポート。最初の認定から一年半ほど後、息子が定年退職、その一〇か月後には妻が望まれて非常勤の福祉事務所を依願退職した。この間、夫婦は隔週で片道一時間半かけて介護に通った。息子が定年退職する頃から「深夜の自宅内の徘徊、寝室からトイレへ行くまでの失禁等で徐々に義母の精神的身体的疲労が蓄積している様子が見られました。深夜、二階トイレ付近から義父と義母が激しくどなり合う声が聞こえ、一階の和室から私が駆けつけることが頻繁に起きるようになりました」と妻は記した。介護に切羽詰まるようになり、リフォームが話題になったという。

そして、筆者が若い時同じ陶芸教室に通っていた妻から、数十年ぶりに連絡があった。義理の父親のことで相談したいという。筆者がケア・リフォームを手掛けていることは、職場で購読していた福祉専門誌の連載記事で承知しており、必要になったら相談しようと思っていたそうだ。

二〇一二年一一月、持参を依頼していた、家の写真や建設当時の図面一式を持って夫婦が事務所に相談にみえた。父親が認知症で要介護2であること。自宅は四〇年を経過した鉄筋コンクリート造の二階建てで約五〇坪。母親の希望もあり将来同居も考えている。「トイレや洗面、浴室など水廻りが狭く、設備も古いのでリフォームしたい」との要望を聴く。父親に問題行動がないか尋ね、「認知症ではあるが大人しく、特に問題はない」との返事だったので、相談からリフォームまでの流れを説明。要介護者を抱える家のリフォームは、要介護者ご本人や家族に会い、現場を見なければ、リフォームが可能か、適切か否かの判断は出来ないことなど説明し、自宅を訪問することになった。

②住まいの改善ポイント

訪問相談（二〇一二年一二月）

まずは、家族の様子を確認しなくてはと、父親と母親（以降老夫婦と称す）、夫婦の四名に会い、簡単に生活の様子を伺った。

週に三回デイサービスに通っている父親は、落ち着いた様子で受け答えし、母親も穏やかに説明。これなら、夫婦の協力があればリフォームを行うことは問題ないだろうと判断。しばらく家族と話した後、自宅を見る。築四〇年を経過しているという自宅は、外壁塗装や屋上防水工事を一度実施したものの、室内工事は一部の部屋のクロス貼り替え程度であった。

外壁などの様子から、当初の工事がきちんとなされていることが分かった。適切な維持管理をしていけば、一〇〇年程は優にもつ建物であった。南向きの角地に建つ建物は部屋数も多く、老夫婦には十分過ぎる広さだ。一方でトイレや洗面、浴室は当時の設計の通例にもれず、狭く使いづらいものだった。

工学部機械科の出身の父親は、六三歳でリタイアした後、パソコンに熱心に取り組み、珍しい樹木の研究、神社巡りと活動的な生活を送ってきた。このため、パソコン、研究資料など多

一段21 cmの廻り階段(手摺なし)　　アドヴァイス後，手摺設置

⑪危険な階段に手摺を設置

くのものがリビングや二階の部屋に残されている。

四〇代、五〇代に腰や首の手術を三回受けた母親は、俳句を嗜み、寝室脇の書斎コーナーを利用している。老夫婦が利用している部屋は、二階の寝室と一階のダイニング、台所のみ。二階に続く廻り階段は、勾配が急で手摺も設置されておらず、小柄で円背気味の母親や、要介護となり足腰も弱り気味の父親には、難儀なものであった。

預かっていた図面や写真を見ていたので、現場をひと通り見て、ただちにリフォームポイント等を整理説明した。

- 使用していない一階リビングに二階の寝室を移す(リビングと寝室の面積はほぼ同じ)。
- 一階のトイレや洗面、浴室を利用し易い位置に変更し、設備、広さに配慮する。
- 広い台所を狭め、ダイニングを広げリビング兼用とする。

●可能な限り引き戸とする。
●温熱環境に配慮する。一階へ移した老夫婦の寝室・リビングダイニングに床暖房を設置し、断熱ガラスへ取り替え。トイレに暖房器具を設置するなど。
●介護保険の制度(住宅改修・福祉用具レンタル)を利用し、階段やトイレへ手摺を設置。

この提案のなかで寝室を一階へ移動することは、家族には思いもよらぬアイデアだったようで痛く感激され、その後リフォームを進める大きな動機へとつながっていく。

③一期工事——老夫婦の居住空間を整える

設計(二〇一三年一〜四月)

設計契約が成り、その後内容の詰め、工事発注まで工務店と調整を含め約四か月、延べ十数回にわたり図面を基にした打合せを行い、電話やメールのやりとりを経て、二か月の予定で工事にこぎつけた。家族にとって、初めての大がかりなリフォームなので、設計者や工事施工者との関係、進め方など不安に思われたことが多かったようだ。

この間のことを後に夫婦は、

「母も私も、コンサルティングと設計を頼むと費用がかかるので、アドヴァイスのみ受け、地元業者に工事をして貰おうと考えていました。義母は以前クロスや雨戸、防水、トイレ修理を頼んだ経験から、顔見知りの地元業者に発注すれば安い費用で済むと主張しました。家を建てた施工会社には不信感を持っていたようです。この頃は設計者の役割、設計者と工務店との関係、設計料を含む総工事費用の考え方が分かっていませんでした。しかし、担当ケアマネから何のアドヴァイスもないなか、一階の水廻り改修に関する指摘だけでなく、父母の寝室のある二階トイレの跳上げ式の手摺の設置(介護保険制度：福祉用具レンタル)や、廻り階段への手摺設置(介護保険制度：住宅改修)。ポータブルトイレを購入(介護保険制度：福祉用具購入)することが提案されました。介護用品事業者を交えた担当者会議で、アドヴァイス通りに決まりました。二階のトイレ手摺は父の夜間使用に役立ち、階段手摺は、両親が一階リビングから二階に上がる際の安全性が確保され、ケアのコンサルティングと設計を依頼することへ母の意識も少し変わったと思いました。同時に、我々夫婦の片道一時間半の往復による両親の介護の支援は労力を要するだけでなく、緊急時のリスクが担保出来ないこともご指摘頂きました」

と、家族内でコンサル&設計依頼まで葛藤があったことが綴られていた。

一般に、設計を依頼すると、工事費用に設計料がプラスされ、より高額になると思われている。新築やリフォームの場合、設計と施工ともに、工務店やハウジングメーカーに直接頼む方法と、設計及び見積もり精査、工事管理を設計者に頼む方法がある。設計は担当者の力量によるところが大きいが、依頼者の側に立ち、間取りをまとめ、使用材料、設備機器を選び、工事発注、契約、管理と家が完成するまで、すべてに携わる。夫婦は設備機器選びにショールームに同行され、素人では、メーカーの勧めるものを選ぶことになり、とうてい適切な商品選びは困難であったと感想を述べられた。なお、一般に個人住宅の設計料は、対象の規模や内容にもよるが、工事費の一〇%程度である。

ところで、工事期間にくらべ設計期間が長いと感じるかもしれないが、夫婦との打合せ、その後の家族間の調整を経て、部位ごとに数案をひとつに絞っていく作業を繰り返し、この間にショールームの見学も入ると、あっという間だ。図面完成後、工事業者との見積もり調整、家族間でオーバーした予算の話し合いをされるなかで、切り捨てる工事項目や仕様の変更などを行うので、契約の調整にも時間がかかる。介護の問題を抱えながら、こうした作業を行うことは家族にとってどんなに大変なことだっただろうと推察する。どうしても家で介護したいという家族の強い気持ちが、完成までの原動力であった。

古い水廻りは部分改修不可

母親は介護に設計、打合せ、荷物整理と重なり一時体調を崩し、設計をキャンセル。ちょっとした改修でできることを伝えたが、鉄筋コンクリート造の自宅は、簡易なリフォームではトイレ、洗面、風呂といった水廻りを改善することは不可能で、一階のトイレは手摺を設置することも難しく、介護の継続は困難な状態だった。在宅介護を希望されるなら、工事は大規模にならざるを得なかった。その後、家族で話し合われ、夫婦が前面にたちリフォームを進めることで、設計が再開した。

設計途中で母親の状態が気になり、介護の認定調査を受けるよう勧めた。結果、要支援2の判定が工事着工前に出た。外出時の杖歩行も不安定な様子だったので、歩行補助車(介護保険制度:福祉用具レンタル)やシルバーカー(自費)について説明したところ、すぐにシルバーカーを購入され、安定して外出出来るようになった。

訪問時に父親が一階居間のサッシを開けようとして尻餅をつき、母親が立ち上がらせるのに苦労したと聞き、介護保険制度の訪問リハビリを勧める。その後、週一回一時間、訪問リハビリを利用するようになり、その様子を見ることが出来て、どこまで可動域があるのかなど、家族の理解が深まり良かったとのことだった。

なお、通っているすぐ近くのデイサービスは、地域医療の核となる総合病院が、訪問診療、訪問看護、訪問リハビリなどを運営しており、医療系のサービスも受けられる体制が整っていたので、各種サービスの利用はスムーズだった。

妻は、介護のプロでもある設計者に依頼したことに「相談して本当に良かったと感じたことは、一期工事前の相談の段階から在宅介護に関して、デイサービス、訪問リハビリや福祉用具の利用等について適切なアドヴァイスを頂いたことです。工事前にケアマネにつながり、制度の利用を理解した上で工事をスタートすることが出来ました」と述べられた。

それにしてもケアマネはカリキュラム等の問題から住宅改修や福祉用具についての教育はほとんどなされていないとは言え、トイレや階段の手摺設置ぐらいはアドヴァイスして欲しいものである。

④住みながらの工事を選択

工事の準備

大規模なリフォーム工事を速やかに終えるには、家を空けて工事をすることが望ましい。そこで、工事期間を最短にするよう、夫婦は一時転居する方向で検討した。その際、問題となったのが父親の住むところで、有料老人ホームのミドルステイの利用や夫婦宅へ一度同居し、そこから近くのデイサービスに通う方法が検討され、夫婦は施設を複数見学した。しかし父親は、これまで一度も外泊(ショートステイ)したことはなく、母親は有料老人ホームのミドルステイは気乗りしないようであった。結局、毎日の生活環境や、馴染んでいるデイサービスを変えるリスクと工事期間短縮のメリットを検討し、夫婦は工事期間中ずっと同居することを決断し、住みながらのリフォームを行うことになった。

なお、最初に要介護認定を受けてからずっと通っている認知症対応デイサービスでは、博識でユーモアがある父親は皆から慕われていたそうだ。体を動かすゲームが好きとのことで、一般のデイサービスにも参加し、デイサービスへ通うことを「会社へ行く」と認識していた。生活環境を変えることのリスクはリフォーム決断を迷った母親の大きな理由でもあったから、家族が住みながらのリフォームの決断は必然でもあったといえる。

リフォームの準備が始まった。最初の難関は、一階リビングと二階の洋室に置いてある荷物の整理。この間のことを息子は、

「父はパソコンオタクでしたから、二階洋室の二台分のデスクトップ・配線・プリンター、これに伴うデータ資料（フロッピーディスク、ペーパー）、そして、本棚の書籍、写真、その他諸々のゴミを目にして、どこから手を付けるかと、パソコンの前に座り、二〇分程度、タバコを吸いながら茫然としていたことは今でも忘れません。私の大学時代の法学書や父の工学書もあります。第一期工事開始前の不要物処理は一部業者に依頼したものの、三人で延べ三〇日は掛かったと記憶しています。市のゴミ処理場にも何度も通いました。一階リビング（現・寝室）のテレビ、ピアノ、ソファーとテーブル、書籍、資料等の整理も膨大で、自宅から実家に行く繰り返しで、疲労困憊でした」

と荷物整理の苦労を記されている。

同居で生活改善進む

二か月半を予定していた一期工事は、リフォームにつきものの古い図面と現場の食い違いがあり、三か月を要した。この間、工事がスムーズに行えるよう週三回だったデイサービスは、工事途中から週五日(一部自費)に増やされた。浴室改修の期間はデイサービスで入浴している父親を除き、家族は銭湯に通うなど生活上の不便、苦労は多かった。

上智大学の社会人教室に通い、カウンセラーの資格を取得、その後自治体の福祉事務所に非常勤として勤務していた妻が同居することで、生活上の問題が認識され改善されていく。

一日三回の服薬は、母親が薬を飲むことの重要性を認識しておらず、管理は杜撰《ずさん》だったそうだ。老夫婦の場合、服薬管理が出来ているかは、ケアマネのチェックすべき項目と思われるが、見過ごされたのだろうか。父親が在宅の日は、息子は家族を車で連れ出し、外食、買い物などして過ごした。この間、父親が拒んでいた入れ歯の治療も行われた。

食事改善について、息子は、

「一期工事が始まり、たまたまお昼にファミレスに連れて行き父の大好きなうどんと丼物のセットを頼んだところ、完食したことから、ヒントを得、家でも品数を少なくして、夕食は丼物(ご飯の上に柔らかいおかずを乗せる)と具沢山の味噌汁に切り替えました。これで、少しずつ食欲が出て来て、残さず食べるようになりました。一期工事終了頃、新しい入れ歯で噛めるようになり、その後は丼物だけでなく、徐々に普通の食事が出来るようになりました。また、以前は一皿終わらなければ次に進めない、ばっかり食いで、柔らかいものや細かくしたものしか食べられない状況でしたが、出された料理にまんべんなく箸を付けるようになり、家族と同じ食事となり、負担も随分軽減しました」

と当時を振り返った。

工務店は通常は行わないが工事責任者を常駐させ、家族の様子に合わせて要望に応じるなど丁寧な対応に努めた。父親は工事騒音に敏感な時期もあったとのことで、解体作業時など、工事時間に注意を払い、安全な動線確保に努めた。夫婦の全面協力・同居があって可能となった工事であった。

一方で、住みながらの工事は、家の変化、職人さん達の気持ちよい仕事ぶりを逐一みることができ、家族、父親にとって思わぬ好効果を生んで行った。

一期工事の効果

二〇一三年八月上旬、工事が完了した。一階に寝室、廊下をはさんで、その前にトイレ。続いて浴室、洗面所などを配置したことで、生活範囲がコンパクトになり、格段に生活しやすくなった。そして驚くことに、夜間の徘徊が止み、数か月後には見守りは必要だが、トイレに一人で行くことが出来るようになった。加えて改修前の狭いトイレではトイレ内の介助が出来ないことから、部屋で下着を脱ぐことを余儀なくされ、これを嫌がりトラブルにもなっていたのが、広くなったトイレで下着の着脱の介助が可能となり、一連の不穏行動も治まった。

認知症の方が在宅で暮らす上で、大きな問題となる徘徊や不穏行動など認知症の周辺症状が治まり、介護は格段に楽になったという。介護者の負担軽減だけでなく、本人のプライドも保て、暖かいトイレは本人のお気に入りの場所になり、満足感は高かったようだ。

この冬は何度も降雪があり、観測史上最大の時は都心でも二〇センチを超え、住まいのある都下は五〇センチ程にもなった。高齢者には温熱環境を整えることが大事だとして、老夫婦の寝室、リビングダイニングは床暖房にしていたので、この寒さも暖かく乗り切れた。床暖房にすることについては、工事費もさることながら、維持費が高くなることから、家族は迷われたが「冬の最も寒い三か月で仮に一〇万円余分にかかっても、それで病気にならず、気持ちよく過ごす事が出来るなら、夫婦で一回小旅行に行ったと思えば、その金額は惜しくないのではないですか」と説明し、納得された。「床暖房にしていなければ、寒さから確実に義父の症状は悪化し、義母も体調を崩していたと思います」と、妻はその効果を綴った。

工事が終わってみて思うのは、我々が個別に業者選定を行うことは不可能であるということです。多くの人は、リフォーム専門店、工務店やハウジングメーカーなどに依頼すれば事足りると認識しているのではないでしょうか。これは依頼してみなければ分からないことだと思います。ただ、工事過程や完成時の姿が見えないため、設計を依頼して良いものかどうか最初は不安なことも事実です。その難しさと感動を与えてくれたリフォームでした。

（夫婦の感想文より抜粋）

⑤息子夫婦の同居へ

ケアマネは工事を不安視

二〇一三年九月末に一期工事の手直し工事確認時に、二期工事開始について相談した。工事が終わり、ほっとされていた家族にとって、再びの工事は大きな負担と感じられたようだ。息子は、「アンビリーバブルとの感をもちました。特にケアマネからとんでもないとの指摘を受けた母は絶対反対で、再開はいつでも出来るとの考えでした。我々夫婦も、もう少し先でも良いのではと最初は思いました」

これに対して、一階台所工事中は炊事が出来ない不便さがあるが、二階工事と外壁・外構工事は並行し、工期は一か月半程度で済むと工務店は言っている。これまでの経験から、高齢者は容体が急変することも多く、出来ることは早めに実行することが肝心。デイサービスに通われているとは言え、要支援2の母親が、要介護3の父親を看る状況は厳しく、共倒れになることも危惧されるので、同居を予定されているなら、一刻も早いほうがよい。もし両親ともこれ以上介護度が進むようなら、二人を在宅介護することは厳しく、仮に二人が施設入所されるとなると経済的にも大きな負担が生じることにもなりかねないことなどを伝えた。

そして、家族で話し合われ、九月末には二期工事に向け設計が始まった。

計画は、同居生活がスムーズになるよう、老夫婦と夫婦の生活の切り分け、暮らし方や、夫婦の生活が快適となるように、話し合いながら進めた。

夫婦の決断

二期工事の再開に向け、夫婦は二七年程住んでいた東京近郊のマンション(途中で三回の転勤により約七年不在期間あり)を売却することにした。いつか同居をと考えていた二人にとっても、大きな決断だった。住みなれた地域への思いや、マンション理事長や理事の経験、茶話会等への参加、本人の碁会所通い、妻の電話相談ボランティア(いずれも現在も付き合いは継続だが)等の人間関係を捨て、新しい土地で交友関係を作り上げることへの不安は大きかった。

「義父の認知症が分かってから、不穏症状、家庭内徘徊を目の当たりにして、義母一人での介護は無理だと思い、最終的には、在宅介護を希望している義母の思いを優先することにしました」「同居するに当たっては、二人とも去りがたい思いがあり、かなり話し合いました。主人は定年になり、漸くやりたいことが出来るようになっていましたし、私も非常勤でしたが定年が無くなり、仕事も順調でした」と、妻は振り返る。

大きなリフォームや転居など考えていても、なかなか実行に移せるものではない。今回は介護に直面しての決断だったが、後に一階だけでも早くリフォームを済ませておけば、これほど苦労をされず、両親も快適に暮らせたのではと尋ねたところ、年をとってから暮らし易いようリフォームするという考えはまったくなかったので、勧めても拒否しただろうとのことであった。

二世帯同居の住み分け

両親との同居への不安も、一期工事期間の同居の経験を経て、二期工事に向けた家族の話し合いで、一階は老夫婦、二階は夫婦と生活が完全分離出来たことなどもあり解消していく。この過程で当事者同士は遠慮があり、なかなか本音を出せず、一、二階の生活が混じり合う事態もあったが、問題点を整理した。そして調理や食事、入浴を除く部分の分離に向け、二階の洗面・トイレを使用しやすいよう広い廊下幅を少し狭め、二階でも朝食程度の簡単な調理が出来るように必要なスペースを確保し、二階で夫婦の生活がほぼ完結出来るようにした。

同居後は、ある程度生活をルール化し、双方できちんと話をしておくことが大切であることも伝える。第三者である設計者が間に入ることで整理出来たことも多々あったようだ。こうした調整も設計業務のひとつと言える。

リフォーム前

●1階トイレ　内開き戸
床段差あり(6cm下がる)
★トイレ狭く手摺設置困難

●2階トイレ　外開き戸
床段差あり(6cm上がる)
★介護保険レンタル手摺設置

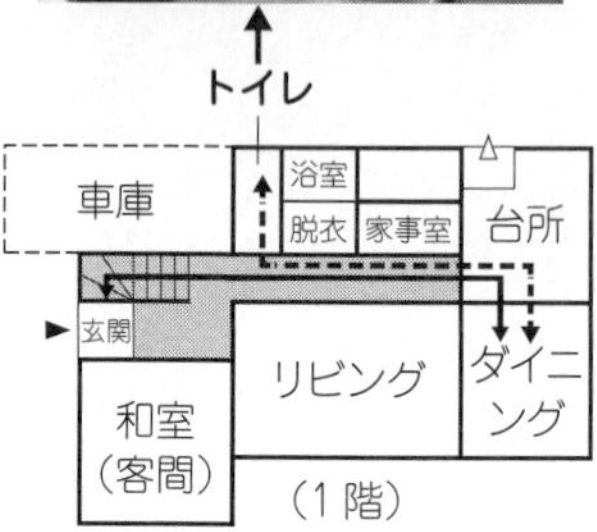

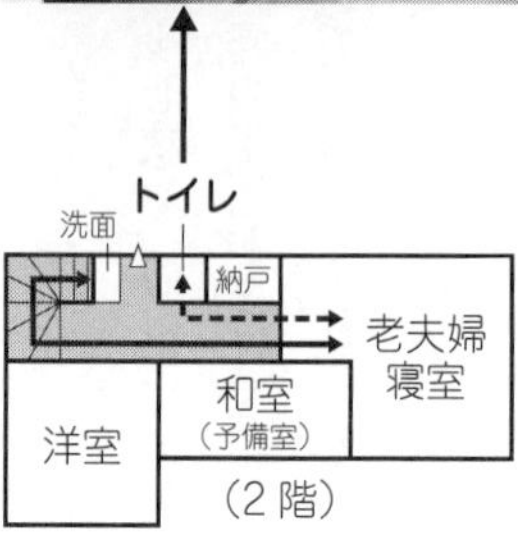

←→寝室までの動線
←…→トイレまでの動線

⑫改修のポイント

⑥二期工事中にも一期工事の効果大

二期工事は二〇一四年二～三月の約二か月、一階の台所、二階の夫婦の居住スペースのリフォームと、建物を維持管理するために必要な外壁や屋上防水などであった。工期は出来るだけ早く済ませるよう工務店と相談し、消費税の上がる前に完成するよう段取りを速めた。夫婦はリフォームに先立ち、今回リフォームする台所の食器類整理、マンション売却と慌ただしい。ケアマネから都合が悪い時にはキャンセルも出来るからと、週四日のデイサービスを五日に増

リフォーム後

●1階トイレ　引き戸
床段差なし

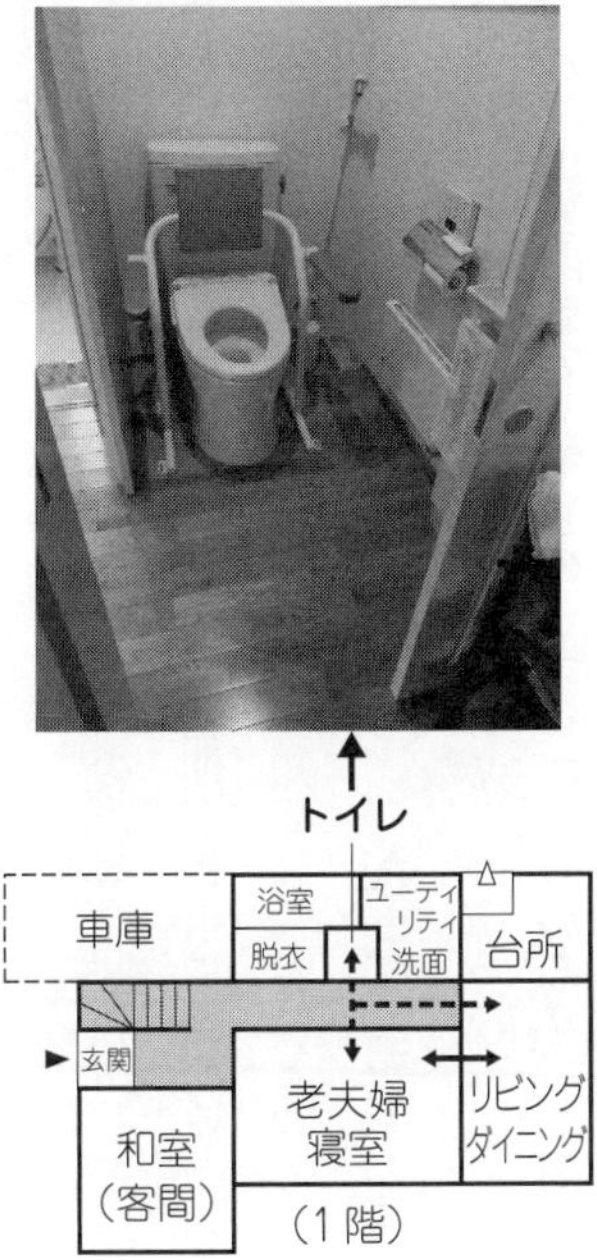

老夫婦の生活は全て
1階へ

やすようにとのアドヴァイスがあり、工事に向けた様々な準備が進んだ。

スムーズだった工事

一期工事中は、二階の洋室(元息子の部屋)が夫婦の寝室となった。荷物や段ボールで埋まる中、防虫剤を焚いてダニやノミ等を駆除するなかでの雑魚寝の毎日。冬の二期工事は、一階の和室で荷物のなかでの雑魚寝だった。「二回の大雪で、介護の疲れに雪搔きの疲労が加わり閉口しました」と、大変厳しい毎日だったそうだが、近所とのコミュニケーションも取れたという思わぬ効果があった。

台所を撤去し、取り換える工事直前に大雪のため今回利用していない大手キッチンメーカーの工場が倒壊し、余波でこちらのキッチン納期が相当に遅れるとの急な連絡があった。すぐに工務店とメーカーのエリア責任者と会い、認知症高齢者にとって、工期が延びることの問題の重さを伝えたところ、すぐに深刻さを理解し、手配してくれた。手違いでキッチンが取りはずされていたおよそ二週間の食事は、妻の機転、アイデアで上手に自炊を続け、家族の健康管理も万全だった。工事関係者、家族の一致した努力があり、工事はほぼ予定通り三月末に完成した。

二期工事に入ると、徘徊が止まっただけでなく様々なリフォームの効果が明らかになった。

「以前より義父は身体的な反応が良くなり、テレビや私達の会話に興味をもつようになりました。時々工事について家長の自分に説明が無いと怒り出すこともありましたが、その都度説明すると義父なりに理解していました。さらに期待していなかったことですが、深夜義父が排尿後、一人でベッドに戻って来ました。それまで義父はベッドの場所が分からなくなるので、義母が付き添ってベッドに連れ戻していました」

認知症の症状として自分が置かれている状況を認識する能力に障害が生じる「見当識障害」が起こることは珍しくなく、トイレへ行けなくなるなどの問題が生じる。今回の改修でトイレは寝室、ダイニングに近接し楽に開閉できる引き戸、暖かく安定して立ち座りでき、手摺や介助によりトイレ内で服の着脱も行える空間となった。結果として、介護がし易いだけでなく人としての尊厳も保て、父親にとって心地よい大好きな場所となった。こうした環境は予想しなかった効果をもたらした。結果として亡くなる一週間程前まで、大好きな場所となったトイレに行くことが出来たそうだ。

〝普通に生活する〟ことの有り難さ

家族は工事完了とともに引っ越し準備のため、家に戻っている間の掃除など母親の家事負担を軽減するため、週二回ヘルパーを依頼した。こうした配慮もあり、息子から、「母は最近とても元気で溌剌としています。我々夫婦から見てもそれを感じます。父も安定しています。自分が言うのも気が引けますが、段々憎めない愛らしさを感じます。父は六月に九〇歳になりますが、東京オリンピックを見ると張り切っています」という嬉しい連絡があった。

二期に分けた工事が三月末ちょっとした手直しを残し無事終了し、夫婦は自宅マンションへ戻った(引っ越しは五月下旬)。その後、妻と知人夫婦の個展を一緒に観た後、現在の様子を伺い、これからのことを話し合った。

四月中旬には、家族も立ち会い手直し部分を確認し、工事は完成した。あとは、工事請負契約に基づき三か月目、一年目の点検で不具合があれば、施工会社の責任で直すことになる。さすがに疲れが出たのか母親はその後めまいにより緊急搬送されるも、翌日退院されたとのことでひと安心。夫婦は自宅に戻ってから本格的な引っ越しの準備。その後引っ越し、新しい家での片付けと、リフォームが終了しても作業が続く。さぞ大変だったことだろう。

同居直後の五月には要支援1へ改善していた母親は、七月に入り二度に分けた白内障手術も無事乗り切る。

「完全同居後は、荷物や食器の整理等まだまだ大変なこともあったが、兎にも角にも落ち着いて住めることの安堵感が勝りました。普段は当たり前に生活していて分かりませんでしたが、〝普通に生活する〟ことの有り難さが身に染みました。そして、親父の介護に専念出来る安心感もありました。まだ元気でしたから」

物置になっていた1階リビング

⑬大変だった片付け

夫婦の時間を取り戻す

介護を抱えての生活は、ともすれば妻に大きな負担がかかる。事前にある程度想定していたとはいえ、現実は厳しかった。

「同居が始まると同時に、義父のペースに合わせる生活に突入しました。介護に加え、デイに行っている間に引っ越し荷物の整理、引っ越しに伴う手続き、食事、家の掃除等毎日フル回転でした。同居後は義母と家事分担が出来ると期待したのですが、義母は全く余力がなく、夜だけでも義父に付き添っていることを「よし」としなければと考えを切り替えました。デイの休みの日は、義母の休養のため、なるべく昼は車で義父を三〜四時間買い物や食事に連れ出しました。義父も車や外食が大好きでしたので、とても喜んでいました」

父親の食事、息子の晩酌と時間がかかるので、片付けは母親と息子の担当になる。設置を希望された食洗機が役にたった。なお洗濯は、従前より息子が担っていたそうだ。それでも「毎日の生活に追われ、夫婦の会話は殆どなくなり、夫婦の時間も必要と感じるようになりました」

「しばらくして、義父母の起床時間が遅く、生活時間が違うので、朝食だけは別々にすることを提案し、受けいれられました。朝は二階のリビングでゆっくりと自分達のペースで朝食がとれるようになり、気持ちがとても楽になりました。また、介護と家事に疲れた時も二階に上がって少し休み、自分を立て直すことが出来ました。自分のための時間と空間をもてることの有り難さを実感しました」と、設計時に想定した様々な住まいの工夫が役にたったという。

末期がんが判明した九月頃までは、体力があったためか、夜ふかしの習慣がなかなか改善しなかったそうだが、夜はほとんど母親が対応。

「九月以降は、私は夜中に義母から呼ばれて起こされることもだんだん増えてきたため、夕食を食べ終わったら、入浴のため退席して、そのまま自分の部屋で過ごして、一〇時には寝るようにしました。九時から一時間ぐらい、リビングで新聞を読んだりテレビを見たりして過ごすことが、ホッとする時間でした」と、ここでも、介護から離れられる、気持ちのよい独立した部屋が役にたった。

二階のリビングは以前の個室収納部を撤去し、冷蔵庫の置けるスペースを確保した。洗面スペースは、二階廊下に面した収納の巾を詰め、ポット、湯飲みやコーヒー椀などが置ける棚も置いた。

「一一月、義父が体調を崩すまでは、一階のリビングダイニングは夫が食事を済ませた後は、義父母だけのくつろぎの空間だったと思います。床暖房のきいた、暖かい部屋で快適だったようです。認知症とは言え、義父はコミュニケーションがかなり出来ていましたので、テレビを見ながら夫婦で会話し、義母は俳句に専念する時間ももてていたようです」

厳しい介護の日々は、ともすれば、介護者にストレスが溜まりお互いをいたわるゆとりがなくなり、対応も杜撰になる。酷くなると介護虐待さえ引き起こす。住まいが整っていれば、こうしたこともある程度防げる。やはり、ケアの質の七〇％は住まいで決まると言われるゆえんである。

⑦家で看取る

余命一年と告知される

二〇一四年八月下旬に父親が風邪をひき、近くの病院で診察を受けたところ、末期の肺がんで、精密検査も治療も難しいと告げられる。セカンドオピニオンとして都内大学病院で同様の診断を受けたことで、在宅での療養を決断する。そして、父親は介護期から看取りの時期へ移行したことを家族は認識し、覚悟する。

この頃には父親は食欲が低下し、朝はこれまでの半分程度、夕食はプリンとブドウを少しだけという状態が続く。デイでも困り、食事を持参してもよいことになる。デイが休みの時、以前から好きだった外食で、天ぷらうどんをほぼ完食し、皆ほっとする。それまで食事中怒り出すこともあり、周りの食べて欲しい気持が先立ちプレッシャーなのではと、家では食べない原因を話し合い、あまり急かせないで、周りも努めてゆったりした気分で対応するようにしていたそうだ。

この頃のことを妻は、「毎日夕食の献立を話し合い、義母に義父の食事は準備してもらっています。私は、長期戦になると思いますので、介護する側が体調を崩さないように三人の食事には十分気を付けています」と綴る。詳しい検査が出来ないため、がんの進行状況が不明なか、家族で役割分担をしながらよく話し合い、懸命に対処を模索している。

ケアマネから、がん発症により、ショートステイの利用は出来ないと言われ、介護が大変になった場合のことを考えると不安になったそうだ。妻は、あくまで父親の介護の主体は母親であるとして、控えめな対応をしている。こうした対応が出来るのも、リフォーム計画から、二期にわたる工事をやり遂げてきた積み重ねによる家族間の厚い信頼の賜物であろう。

この間の父親の状態を聞き、訪問看護サービスを利用することや、食事や衣服の着脱介助など介護負担が重くなっている様子から「介護の再認定」を受けるよう勧めた。そして九月下旬から月二回の訪問看護が始まり、一〇月中旬には要介護4の判定が届いた。二期工事の後半から週一日の自費サービスを含め、デイサービスは週五日利用していたので、要介護4になると家族の負担は幾分か軽減される。それにしても「介護再認定は担当ケアマネが状態を把握してアドヴァイスすべきこと」と、ため息もでる。

計画されていた慰労会が行われる。工務店責任者と現場責任者、夫婦と私の五人だ。久しぶりに皆で顔を合わせ、ひとしきり工事の苦労話に花が咲く。がんさえなければ、どんなにか気が楽なのだが。慰労会の後、夫婦と父親の今後について話す。検査が難しいだろうということや、状態が悪化した場合の延命など、段階を踏んだ対応について、筆者の祖母の在宅看取りや父の喉頭がん発症から、最後は肺がんのため病院で亡くなった経緯、これまでの様々なお宅を訪問した経験を含めて話し、夫婦からは詳しい状況を聞く。話すことで、多少なりとも気が楽になることは多い。

なお、一九七五(昭和五〇)年を境に、医療機関で亡くなる人が自宅で亡くなる人より多くなり、現在は、ほぼ九〇%にのぼる。近年、在宅で看取られることが、尊厳ある死として見直され始めている。

がんの告知を受けた頃から、父親の状態が急激に悪化していき、トイレ回数が増加し、トイレに長時間こもったりして就寝時刻が深夜になっていく。四時間トイレに留まったこともあったそうだが、本人は違和感もなかったとのことだった。

家族みんなで懸命に介護をされていたが、一一月下旬には、介護が一層厳しさを増している様子を知り、すぐに家に行った。家では家族三人の現況や、入院や訪問診療、在宅看護、看取りが話題になった。

一一月下旬から一二月に入り、排泄回数が増えたり、下痢が続いたりするなどさらに状況が悪化し、頻繁に訪問看護を受け、電話での指示も仰ぐようになり、発熱で度々デイを休むようになる。中旬には通院から訪問診療へ変更。訪問看護に訪問診療が加わり、家族は少し安心され、医療的処置が必要となった場合の入院や延命治療について、三人で話し合うことが増えたそうだ。その頃から体力は一層低下し、デイサービスでの入浴も中止となり、以降清拭のみとなる。一七〇センチ程の身長の父親は二〇一二年には五〇キロ程だった体重が急速に減り、九月に四五キロ、一一月には四〇キロを下回っていく。比例するように家族の負担が一層増えるが、役割を分担、協力して介護している。ヘルパー介助を依頼することは考えなかったそうで、すべて家族で行われた。この時期から妻は介護記録をつけ始めている。

一二月下旬、妻が珍しい煮豆の正月料理を筆者の事務所へ届けて下さり、医者からこの冬を越えられないかもしれないと告げられたことを聞く。排泄介助が大変とのことだったので、「同居している九五歳実母(要介護1)も、状態が悪化した時は、夜間のみポータブルを使用している。なかに排泄用袋を置いて、使用後はそのビニール袋の口を閉じ、生ごみとして出せるので、毎回掃除する必要がない」と、ポータブルトイレの利用で介護負担が相当軽減出来ると勧めたが、結果として亡くなる目前で、家族の負担軽減にはほとんど役に立たなかった。

介助で腰を痛める

二〇一五年明け、様子が気になり、連絡をとり様子を尋ねた。後に息子は、「年末デイが休みに入った途端、父は体調不良に陥り、トイレの回数が激増しました。それまでは何とか自力でトイレまで歩いていたので、夜中のトイレ介助は母一人で対応出来ていましたが、歩行出来なくなってからは、夜中のトイレ移動は私と妻の二人がかりで行わざるを得なくなりました。また、介助しようとすると不安がり、体が硬直してますます介助困難な状況に陥り、抱えたまま床に倒れこむ事態が頻繁に起きました」と、介護の大変さを綴った。

こうした介助で家族の負担がどれほどであったかと思い、愕然とする。連絡をもらえれば、いくつか改善策についてアドヴァイスも出来たのにと悔やむ。

「正月休み中の急激な体力低下を全く予想していなかったので、車椅子や3モーターのベッドへのレンタル変更、その他の福祉用具の手配は眼中になく、デイの休み期間中は自宅にある肘掛け椅子に座らせたまま移動する等、その場しのぎの対応しか出来ませんでした」と、息子は振り返る。このため、家族全員が睡眠不足、体力消耗の事態に陥ることになったそうだ。福祉用具が使い易いように、主要部分は引き戸にして床段差も無くし、必要なスペースを確保していたのにと、一番肝心な時に結果として役立たなかったことが残念でならない。

介助による移動の負担は軽減出来るので、展示場に行き商品を確認するよう妻に伝え、翌々日実行。また介護再認定で要介護5になるのではと伝えたが、翌日のサービス担当者会議で、ケアマネから変更は難しいとされ断念する。

福祉用具展示場で、妻から介護ベッドは高さ調整と背上げ機能のみの2モーターを利用していると聞き、「ありえない」と叫んでしまう。ケアマネは福祉用具についてはほとんど教育を受けていないとはいえ、「何をしていたのか」と言いたくもなる。

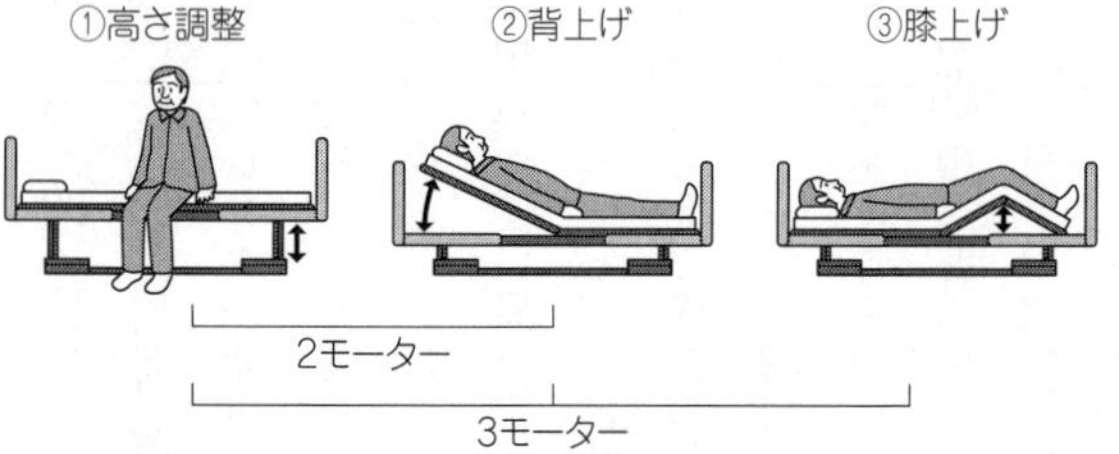

＊介護度が上がり，ベッド上での生活が長くなる場合は，介護の負担軽減の意味からも，3 モーターの利用が望ましい．
＊最近は 2 モーターでも背上げと膝上げ連動タイプがある．ベッド上で薬を飲むなどするとき，背上げしないと誤嚥を生じ，肺炎に罹る要因ともなる．着替え介助も背上げすると楽に行える．
＊ 2 モーターの場合は，背上げした場合，膝も上げないと体が曲がり苦しくなるので毎回膝下にクッションを入れるなどして使う．

⑭知っておきたい介護用ベッドの機能

妻に膝上げ機能のついていない2モーターと、付いている3モーターの違いを体験してもらい、なぜ3モーターが必要なのか納得してもらう。車椅子を選び、ベッドから車椅子への移乗を助けるボードやベッド上での移動（体位変換）が少ない力で簡単にできるシートや介護者が腰を痛めないために利用するベルトなどを試す。目からうろこの体験と、帰って家族に報告相談の上、レンタルの手配をする予定とのこと。まだこの時点で、誰もお別れの時が目前なことを知るよしもない。妻には今が一番大変な時期と伝える。ケアマネからもそのように聞いているとのことだった。

なお、一期工事後に2モーターのベッドを選んだのは、ケアマネから「介護度が上がったら3モーターに変えれば良い。今は自己負担の少ない、2モーターで十分」とのアドヴァイスを受け、料金の安いものにしたとのことであった。しかし、実際には介護度が上がり、状態が悪化した後も替えることはなかった。皆、目前のことで手一杯で、ベッドの変更まで考えが回らなかったのだろう。「介助に必要な福祉用具等につき、ケアマネ等からもう少し的確なアドヴァイスがあれば介助者の負担軽減につながったと思うし、腰痛等の発症も防止出来たのではないかと考えられる」との息子の感想が、当時の切実さを物語る。

残念ながら、現在都内で福祉機器を体験し、アドヴァイスを受けられる公的機関はない。専門職への研修を主とする施設はあるが、個人は自治体を通したケースのみの対応である。以前は都内に二か所あったが、世田谷区は二〇一三年三月末、品川区は二〇一二年三月末に閉鎖された。息子は、看取り後、腰痛を発症し、病院に通うことになった。「今後、介護保険制度が自立支援型となり、予防重視の方向性が出されるなか、益々アドヴァイスの重要性が高まる。制度の趣旨に逆行しないよう、切に願うものである」と述べている。

看取り、そして家族葬へ

福祉用具の展示場に行った翌日、妻から父親が皆に看取られ旅立ったとの連絡をもらう。後に妻は、「亡くなる数日前に夜間、ベッドで手足をバタつかせることがありましたが、それまでは義父が痛みを訴えることは無く比較的穏やかに過ごしていましたので、入院は最後の手段と考えていました」

息子は「最期まで愚痴らしいものや素振りを一切見せなかったのは、驚異的とさえ感じます」と、介護は大変だったが、父親が痛みを訴えることもないことから、在宅介護を続けていた様子が窺える。

亡くなられた日の様子を息子は、

「朝一〇時に起床、ベッド上でおむつ交換、排便があったので蒸しタオルで下半身を清拭後、ベッドを起こし、ずれないように膝下にバスタオルを置き、顔の清拭を行いました」「父はいつものようにその都度呼びかけに応じ、お尻を上げたり、顔を横に向けたりした。体温を測ると発熱が有り、解熱剤、抗生物質、痰切り薬を粉にして飲ませようとした」「いつもより飲み込みが悪く、さらにとろみをつけて試みましたが、そのうち舌が落ち込み動かなくなりました。

呼吸も弱くなったので、皆で呼びかけながら呼吸を確かめました。呼吸が止まっているので、すぐに看護師へ連絡しました」

医師が死亡を確認後、遺体の手入れ可能との話があり、家族は看護師と一緒に全身の清拭と着替えを手伝う。息子は、「体温の温かさを感じながらパジャマから、母が選んだシャツ、カーディガン、ズボン、靴下に着替えさせました。父の様子がおかしいことは分かりつつ、家族皆冷静に対処していたと想起します。テレビドラマのような号泣シーンは全くなく、これまでの介護の四年間のことやそれ以前の父との関係が走馬灯のように駆け巡り、泣くというよりも、「お疲れ様、頑張ったね」という気持ちの方が勝ったものかと思います。人の最期とはこんなものか、いや、こうありたいと強く感じました」と、綴っている。

二〇一五年一月中旬、家族葬で見送ったとの連絡を受ける。

息子は、「がんの宣告を二つの病院から受けたことは大変ショックでした。ただ、父も生前から「僕以上にタバコを吸っていましたが、元都知事の美濃部亮吉氏や元将棋プロ棋士の升田幸三氏は共に八〇歳ぐらいまで生きた」と語っていたことを思えば、よくも九〇歳まで天寿を全うしたなと思います。看取りの後、葬儀を終えてから腰部脊柱管狭窄症を発症し、手術は回避出来たものの現在治療のためリハビリ中です。今では父が私に必死にしがみついてくる執念を受け止めることで、これまで何もしてやれなかったが、最大の親孝行が出来たものと冷静に考えられるようになりました」と記す。

妻は、「一二月に入ってからの介護は確かに大変でしたが、認知症とは言え、本人の態度には人柄が感じられることも多々あり、在宅で看取りが出来たことは、家族全員の何事にも替え難い貴重な体験となりました」

在宅介護をしながらのリフォームは、様々な戸惑いや迷いがあり、完成するまで家全体の雰囲気をイメージすることも難しかったそうだが、がんが見つかるまでの短い期間だったとはいえ様々な症状の改善が見られ、家族にとっても住みやすい家になった。看取ったあと息子は高齢期の住まいの環境整備の大切さを実感され、「今後介護保険制度が厳しくなる中、早いうちに介護環境を整えて頂いたことは、残った家族三人の将来の不安を取り除いてくれると共に、被介護者にならないための予防的措置として、それぞれの趣味を続けて頭がボケないようにすることや、リハビリ・運動を継続して体力を増進させていくことなど、前向きな気持ちにさせてくれており、大きな支えになっています。本当に有り難うございました」と綴っている。

⑧リフォームの効果

リフォームから看取りまですべて在宅でなされたことについて、率直な感想を伺った。夫婦から、「在宅リフォームを問題なく終えることが出来たので、設計者をはじめ関係業者の皆様に感謝の気持ちでいっぱいです。認知症の家族を抱えながらの在宅リフォームをやり遂げたことは、私たち家族にとって大きな自信となりました。当初考えていたよりも大掛かりなリフォームになりましたが、全てが予想以上にうまくいったと思います」との感想をもらった。また、父親は工事開始から関心をもたれていたそうで、進捗の都度「良くなった。良くなった」と言っていたとのこと。自ら建てた家への深い愛着が感じられる。

設計者として、家族の状況をひと通り把握し、リフォーム出来ると判断した。しかし、住みながらのリフォームは健常な人にとっても大変なことなのに、認知症という難しい介護もあった。後に屋内で徘徊があったことなどを伺い、家族の負担はいかばかりのものだったか、「よく乗り越えられた」と思う。そして「間に合って良かった」

工期別の効果

一期のリフォーム工事の効果として「住環境を改善したことにより、家庭内徘徊がなくなり、トイレ、ダイニングへの移動がスムーズになる等、画期的に在宅介護がやり易くなりました。また、リフォームしなければ以前の状況では同居自体が不可能であり、マンションから通いでの介護となり、このような在宅での看護・看取りは不可能だったと思います」と認識されている。

これまでの経験から、リフォームを実行していなければ、夫婦の共倒れも危惧された。夫婦の通いながらの在宅介護はとうてい無理だっただろう。大雪で寒かった冬を乗り越えることも難しかったかもしれない。介助することを念頭にスペースを確保し、また扉を二か所設けていた一階トイレについて、在宅介護の最も大きな課題の排泄について、最終場面までご自身の自立が保てたこと、また、介助が必要になっても十分に対応出来たことに安心した。

加齢に伴い、暑さ、寒さの感覚が薄れる。このため高齢者は熱中症に罹り、風邪をひくなど、体調を崩す原因となる。今回のリフォームのポイントとして、この温熱環境の改善を心掛け、夫婦にご説明した。

妻は、「秋頃からトイレの回数が増え、トイレこもりが長くなりましたが、トイレ暖房と便座の温かさで冷えを防ぎ、体調を崩すことなく過ごせたと思います。特に冬場は寝室の床暖房とトイレ暖房のおかげで介助する側も厳しい冷え込みを回避でき、特に義母は助かったようです」と、その効果について述べた。

二期工事の効果としては、台所の使い易さを挙げられた。一階の台所は設備が古いだけでなく、広すぎることや食器棚などのレイアウトの問題があり、使い勝手はよくなかったが、リフォームで改善した。一一月以降「食欲が低下してからは、のど越しの良い食事を工夫したり、とろみをつけたりして食べさせました。自分で食べられなくなり、食事介助が必要になってからは、何種類か順番に出して、食べられるものを食べさせるようにしたので、食事中も台所に頻繁に行き来する状況になりました。使い易くなり助かりました」と、適切な広さに狭めた台所が介護負担軽減に役立ったようだ。

第4章
認知症にも
リフォームを

認知症が増加し、社会問題化している。認知症は、徘徊や不穏行動、迷惑行為などを引き起こし、介護度が進むと在宅介護は困難となる。認知症に対しては、介護保険の住宅改修制度の利用程度の小さな改修でも、動作が安定し、心身状況が改善することは、ある程度知られている。しかし、認知症にリフォームは禁物との一般の認識のため、不安定な生活環境で状況が悪化している例は多い。

この章では第三章の二事例に加え、リフォームで生活が改善した三事例を規模別に紹介する。これにより、認知症にリフォームは禁物とのこれまでの常識が見直されるきっかけにつながることを期待したい。リフォームで徘徊や暴力などの周辺症状が抑えられれば、本人の日常生活が安定してくるだけでなく、家族の負担軽減にもつながる。結果として社会コストの軽減にもつながる重要な切り口となるだろう。

1　認知症にリフォームは禁物？

二〇一七年六月に公表された二〇一六年国民生活基礎調査では、全体の介護要因（要支援1〜要介護5）の第一位が初めて「認知症」となった。認知症の在宅率は七〇％程と言われ、多くの行方不明者の存在や車の事故など、「認知症」を巡る様々な問題が社会問題化しているなか、家族などの介護者の負担軽減の道筋がみえてこない状況が続いている。

①認知症と在宅化のポイント——周辺症状を防ぐ

まずは認知症に関する基礎知識をおさらいしておこう。

認知症は特定の病名ではなく総称で、老化と違い様々な病気が原因で脳細胞が死に、働きが悪くなることで生活に支障が出ている状態を指す。一方で脳に萎縮がみられる状態でも、生活上「認知症状」が出ないケースもあるという。

認知症の要因となる病気

認知症を引き起こす代表的な病気として、最も多いのがアルツハイマー型認知症、次が脳血管性認知症、レビー小体型認知症、その他と続く。下記はそれぞれの特徴だが、区別がつきにくいものもあるようだ。

〈アルツハイマー型認知症〉　脳の細胞がゆっくり死んでいき、脳が萎縮する。症状は様々。

〈脳血管性認知症〉　脳の血管が詰まって一部の細胞が死ぬ。損傷部位により症状は異なる。

〈レビー小体型認知症〉　脳にレビー小体が出来て、脳細胞が死ぬ。幻視や、パーキンソン症状（手足の震え、小刻み歩行、筋肉のこわばりなど）。

〈その他〉　前頭側頭型認知症（ピック病）、正常圧水頭症、甲状腺機能低下症など。

ところで、認知症になると、物事を覚えられないだけでなく、時間や場所も分からなくなる。徘徊する、暴力的になることもあるなど、日常生活を送る上で様々な困難が生じる。家を出たまま、何年も行方不明になった人のことがテレビでしきりに報道された。認知症は、当人のみならず、家族や地域にとっても様々な問題を引き起こす「やっかいな病」と認識されているが、接する人の対応や住まいなどにより、徘徊、暴力、妄想、不潔行為などの「やっかいな周辺症

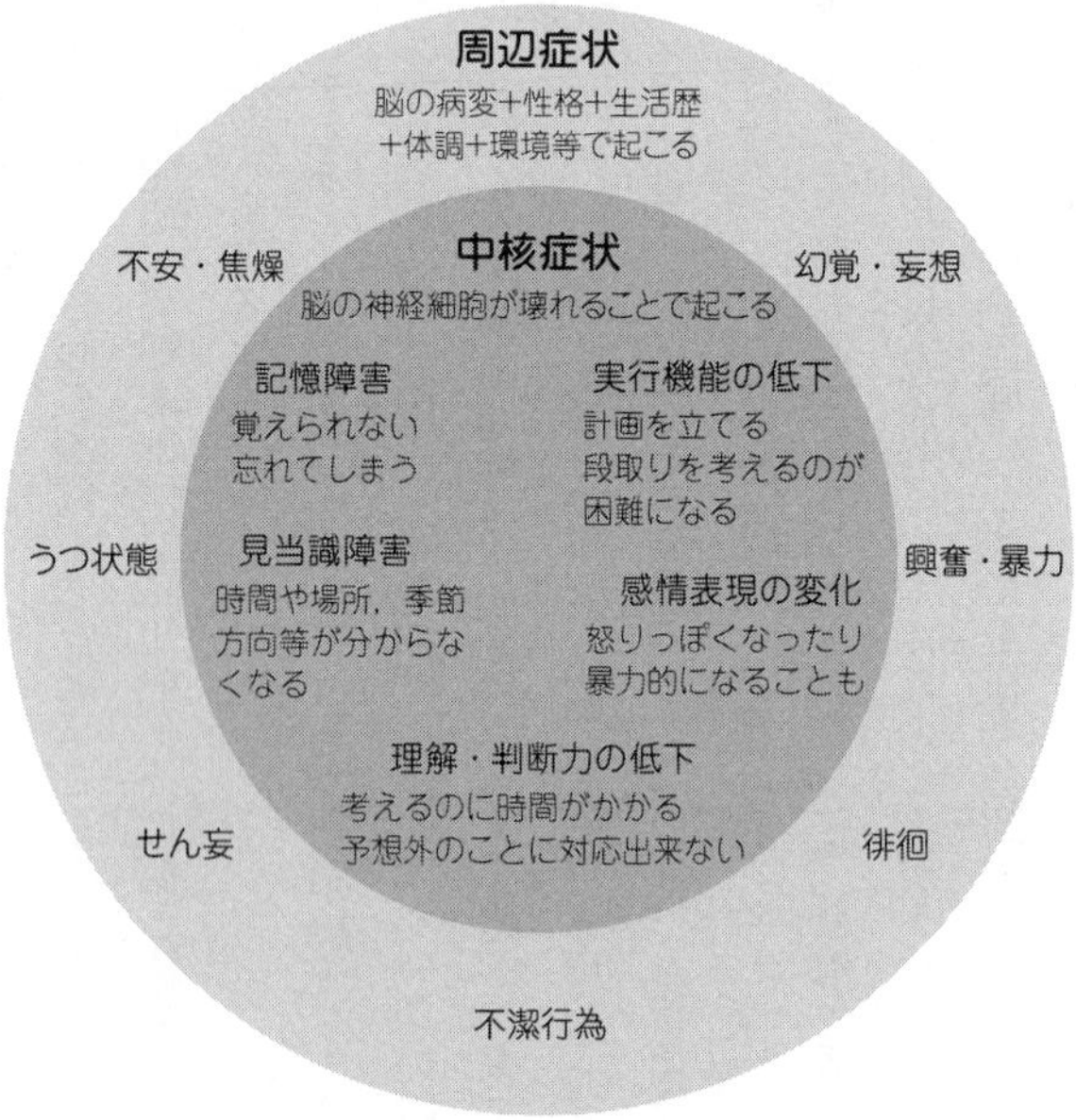

図 4-1　認知症の症状

状」を防いだり改善したりすることが出来る。図4-1にある中核症状は、薬などで進まないようにすることは可能だが、治すことは出来ないとされている。

従って、認知症の方が家で暮らし続けるには、周辺症状を起こさない対応が肝心で、周辺症状を抑えられないと、施設入所の必要性が高まる。

②常識を疑う

認知症にリフォームは禁物?

前述のように、これまで、医療や介護の専門家の間では「介護やバリアフリー化のために家をリフォームしたり、間取りを便利にしたりすることが、認知症の方にとっては逆効果になることもある」との見解があり、今も流布されている。なぜこうした大きな誤解がいまだに続いているのだろう。在宅介護の現場で大きなリフォームが発生するのは、多くは六〇代前後で脳疾患などを要因として車椅子利用を余儀なくされ、長い在宅生活が想定されるケースである。

小児麻痺や脊椎損傷などは必要に応じて住宅を改修する障害者の制度があって専門とする建築分野は確立しており、その効果も医療・福祉関係者の間で共有されている。一方、八〇、九〇歳と高齢に伴い罹患する比率が高まる認知症は、いつまでこの状態が続くか分からないといったこともあり、大規模なリフォームが行われてきたことがほとんどないであろうことは想像に難くない。このことは、国土交通省による住生活基本法(全国計画二〇一六～二〇二五年度)の改定に向けた一五年九月の社会資本整備審議会住宅宅地分科会勉強会(第三回)において、「介護支援専門員(ケアマネジャー)への調査で、認知症の方々に対し、何らかの住宅改修や福祉用具を提供した経験のある人が七五%にのぼっている。低下した心身機能と住んできた家にギャップが生まれるので、そこを埋める環境改善とケアで対応していけばよい。転倒防止などの安全確保が大切であると、バリアフリー化の有効性が指摘されている。一方で認知症は福祉分野の関心は高いが、建築分野からの関心は低く、在宅ではどのように対応したらよいかわからない」としていることでも明らかだ。

「認知症にリフォームは禁物」との常識があることから、介護の現場から建築分野への設計依頼はなく、専門とする建築士も皆無であろうことは想像に難くない。建築関係者にとって認知症の問題はグループホームや特別養護老人ホーム、有料老人ホームなど施設に関するものになることは必然とも言える。鶏と卵のように医療・福祉関係者の常識は堅固なまま、建築関係者が関与する場面はなく、仮にあってもどのように対応すれば良いか、分からないというのが、現状である。

2 認知症にこそ大事な住環境

認知症の方を家で看るには、「家族の力、人手」と「住まい」が整っており、「お金」の問題を含めた「介護力」が必要となる。そこで、本人の生活を安定させ、家族等の負担を軽減し、在宅を継続するには、周辺症状を落ち着かせる「住まいの改善」が鍵となる。

これまで認知症の方の改修・リフォームに多数立ち会ってきた経験からは、いずれもリフォームで症状が悪化したことはなく、程度の差はあるものの当事者、家族にとって好ましい結果が生まれた。以下、具体事例を紹介する。

①小さな改善から大規模リフォームまで

認知症の方は、多くは足元がおぼつかなくなるなど、動作が不安定である。このため、段差だらけで開き戸の多い家では、何度も転倒する人がみられる。また、トイレの場所が分からなくなったりすると、本人の不安は高まる。こうした状況は認知症の周辺症状を悪化させる要因ともなる。

これまでの経験から、第二章2で、介護保険の住宅改修制度の利用程度で可能なちょっとした改修を行うことで、当事者の生活が安定し、症状も改善することを紹介したが、こうした改善は認知症にも有効である。例えば、階段、玄関の昇り降り、扉の開閉位置(開き戸)、トイレの立ち座りといった不安定な箇所に手摺を付ける、開き戸の下枠撤去や段差の大きな出入口に踏み台を設置するなどして段差の緩和や解消を図る、バリアとなる開き戸は、引き戸、アコーディオンドアへ取り替えたり、撤去し、暖簾・カーテンを設置する、ドアノブをレバーハンドルへ変更する等である。

筆者はこれまで認知症への対応として、玄関の壁際に誘導手摺を設けて転落を防いだことや、トイレの位置が分からない人に廊下から便器が見えるよう、扉を撤去(但し同居している娘の利用に配慮しロールスクリーンを設ける)などを行ってきた。危険なガラス扉はアクリルへ変更し、転倒時の危険を軽減するなど改善し、効果を得た。

住まいは様々であり、必要となる改善箇所は異なるが、生活の状況や動作をよく観察することで問題箇所を把握できるだろう。

規模別三事例

【事例1】 ちょっとした改修

認知症(発症時期不明)で不眠症、食欲低下(原因不明)の要介護1 男性(八六歳)の事例。

訪問時、男性は、足腰が弱り歩行は不安定。家の中で何度も転倒し、ほとんど外に出たがらず、全体として生活意欲が低下していたことから、要支援1の妻(七八歳)は開始したばかりのデイケアも継続出来るか心配していた。入浴は妻の見守りで何とか行っていたが、浴槽が深くまたぎは困難であった。

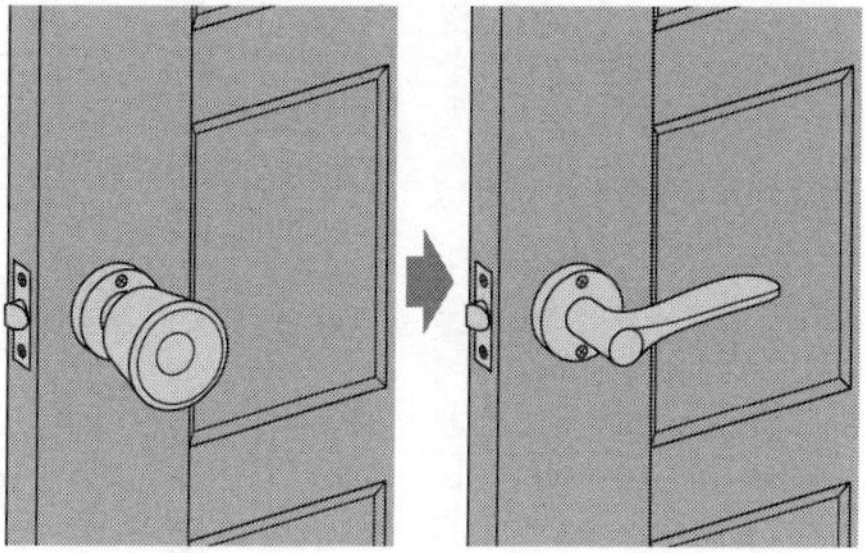

⑮危険なドアノブをレバーハンドルへ取り替え

そこで、まず家の中で転倒しないよう、ドアノブを二か所レバーハンドルに変更し、開き戸を安定して開閉できるよう手摺を四か所に設置。部屋から応接間〜玄関(以前の店舗部)への大きな段差は、手摺付き踏み段を設置して解消した。またぎが困難だった古い浴槽をユニットバスへ改修し、入浴動作の補助として浴室内に手摺を四か所設置した。

この結果、家の中で転倒はなくなり、生活意欲もわき、妻との同居生活が穏やかになった。改修に要した費用は、浴室の一五二万円(うち区による補助約三五万円)を除き、夫婦の介護保険による住宅改修費用で充足出来た。

【事例2】　家族の希望で中規模改修

多発性脳梗塞によりリハビリ病院に入院していた要介護1の夫(八二歳)の帰宅を前に、認知症で要介護1の妻(八二歳)の夫婦が二人で生活出来るよう、一階を全面改修した。家族の希望で、毎日何度も利用するトイレへの行き易さを改修ポイントの第一に、洗面や洗濯をし易くした。またこれも家族の強い希望で、古い日本家屋での生活が寒くないようにと、窓に断熱サッシを入れ、床暖房とした。これまで利用していた二階は利用しない。家で調理はしないとのことだった。改修後は暖かくなった家で、夫婦は穏やかに暮らしていた。

改修ポイントを整理すると、

①居室から直接トイレ、洗面に行けるよう廊下部分をなくし、床段差もなくし、洗濯機置き場を設置。利用しない二階への昇り口には温熱環境を考慮し、引き戸を設置。

②畳半分強ほどの狭いトイレを廊下部分まで広げて利用し易くし、安全に開閉し易いよう開き戸は引き戸へ変更(トイレ内は安定して移動出来るよう壁ぞいに手摺を設置)。

③居室から利用し易いよう小さな手洗いは撤去し、洗面台を設置。

この事例をまとめる時に、病院から一時帰宅した当事者と家族立ち会いのもと、ケアマネジ

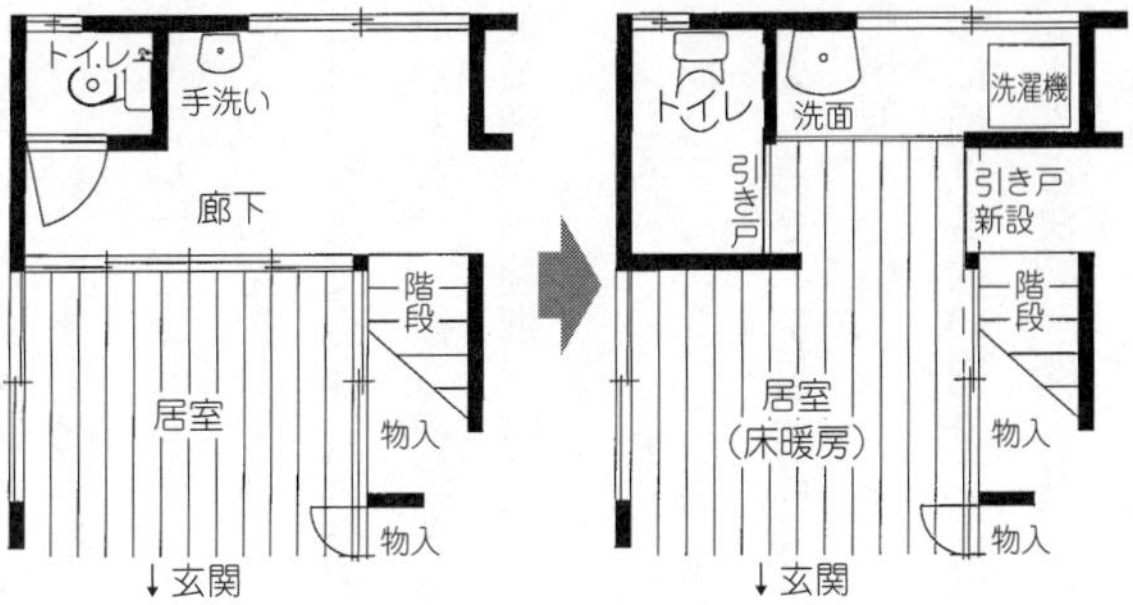

⑯トイレや洗面に行き易く改善

ャーやリハビリ病院の理学療法士、ソーシャルワーカー、工務店と合同で改修案を検討したが、現場で「手摺をつけるなど軽微な改修」を主張する病院関係者との会話が成立せず、立ち会いのケアマネジャーや事業者も困惑し、仕方なく別々の案を作成した。結果として、家族や当事者の希望を入れた中規模改修案となった。医療専門職との断絶は、彼らの「高齢者の生活環境を変えない範囲での改善が何より望ましい」とする認識が根底にあったことが原因である。

これまで幾度となく、病院等に所属する医療専門職の方々と、退院を前に生活の現場で「生活改善」の方法について、当事者、家族、担当ケアマネジャーを含め検討を行った。その多くは、会合の前に医療専門職による改善プランがあった。残念ながら、そのプランを基に検討が進むことは、一、二の例外を除いてなかった。

当事者や家族のなかには、「生活環境を変えても、暮らし易くしたい」「ある程度の費用は負担しても、心身状況にあった、より暮らし易いものとしたい」「親のために出来ることは何でもしたい」とされるケースがある。従って、改善プランは最初から限定して考えるのではなく、いくつかの選択肢のなかから、当事者および家族の希望に沿う形でまとめることが望ましいことは言うまでもない。医療専門職の指導のもと「生活改善」を行うケースでも、建築の基礎知識があれば、複数の提案も可能となる。こうした職種の人達も是非、建築の基礎知識を持ち、他業種との連携を深めて欲しいと願う。

【事例3】　マンションの全面バリアフリーリフォーム

要介護2、軽度の認知症(Ⅱ)だが、会話は成り立つも失禁のある妻(七八歳)と、夫(八一歳、糖尿病)の夫婦がマンションで暮らしていた。心筋梗塞、脳梗塞、腰椎圧迫骨折の病歴があり、年に何度も家の内外で転倒していた母親を心配した娘が、同居のためにマンションの全面リフォームを決断。間取りを大幅に変更し、完全バリアフリー化したいという希望だったので、完成後新しい環境に適応出来るか少し心配だったが、杞憂だった。アドヴァイスでマンション内

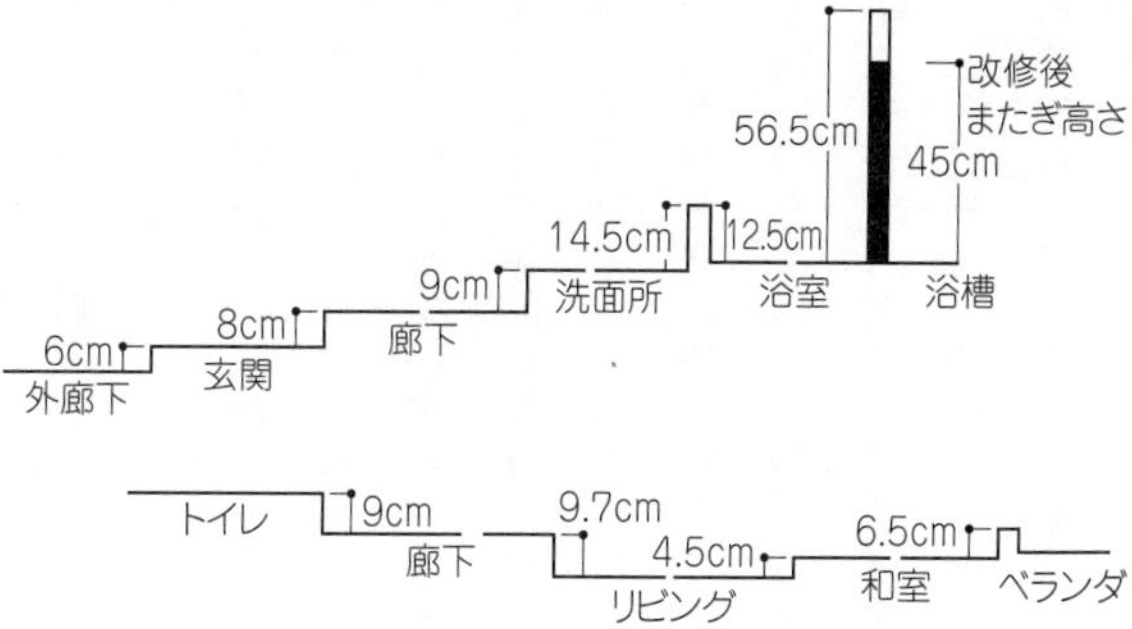

⑰段差だらけだったマンション

の床段差はなくなり、寝室からトイレにすぐに行けるように変更。熱心な女性建築士の努力で水廻りは最新設備になり、機能的で綺麗に仕上がった家で夫婦は穏やかに暮らしていた。認知症の妻は家の内外での転倒がなくなり、落ち着きを取り戻した。両親のみの生活を心配した娘は、安定した両親の状態もあり、結果として同居しなかった。

②認知症を防ぐ暮らし

体操や食事だけでない認知症予防

認知症は、規則正しい生活で健康を維持し、脳を活性化させることが、予防につながる。なかでも認知症の発症の約六割を占めるとされるアルツハイマー型認知症の発症は、食事や運動、人の交流、知的活動などの影響が大きく関わるとされている。予防について、沢山の本や雑誌類が出版され、テレビ報道もなされている。多くは、生活の基本である食事を見直し、運動を行うことを中心としている。脳のトレーニングとなるドリルやゲームなども開発されており、人気を博している。

一方で調理、掃除、洗濯、片付けなど日常生活を行うことが、そのまま認知症予防や発症後の進行抑制につながることは、従前よりグループホームなどで、皆で調理したり、洗濯物をたたんだりするなど簡易な作業も作業療法として行われていることからも明らかなのだが、予防法として積極的に紹介されてはいない。音楽を用いた音楽療法や、植物を育て、手入れする園芸療法も効果があるとされている。言ってみれば、たとえ足腰が弱っても座って調理し、お皿を洗うなど軽作業を行うことや、趣味を継続するといった生活を続けることが、「認知症」の予防につながる。心身機能がある程度低下しても、家事や趣味を継続出来る住まいが、認知症の方の在宅介護のためだけでなく、そこに住む人の介護予防にもつながるといえるだろう。

生活に楽しみや潤いをもたらしてくれる花や野菜を育てるガーデニングが、庭やベランダなどで行われている。医療や福祉の現場ではこうしたガーデニングが心身に良い影響をもたらしているとして、近年テレビなどでも取り上げられている。ガーデニングは、リハビリの効果だけでなく、運動にもなり、生活習慣病や認知症の予防にもつながるという。一方で、加齢に伴いこうした作業を継続することが困難になっていく。たとえば、マンションのベランダは、部屋より一段下がっており、この段差をまたぐ行為のために、下足に履き替える際につまずき転倒し、骨折することは珍しくない。このため、ベランダへ出ること自体を取り止めるケースは多い。室内で植物を育てる方法もあるが、たとえばベランダにホームセンターなどで廉価で販売されているウッドデッキパネルを敷くことで、こうしたつまずきや転倒を防ぐことが可能となる。

③認知症を定期健診に

最近、学生時代から仲の良かった同級生の男性同士が、ささいなことから飲食店で長時間断続的に怒鳴りあったという話を聞いた。二人とも、親の介護などもあり、ストレスが溜まっていたのではないかと思うが、一方で、認知症の初期症状の可能性があるのでは、とちょっと不安になった。念のためにすぐに「物忘れ外来」「老年内科」など認知症専門医でチェックしてもらえばよいと思ったが、突然そんなことを連絡することも憚られる。

今では、認知症は初期の段階でみつかれば、症状の進行を抑えることが出来る。がんなどと同様、認知症もなにより早期発見が、要介護となることを防ぎ、重度化を防ぐ一番の手立てだ。表4-1にある「I」の段階で分かれば、薬などで進行が抑えられ、普通の生活を続けられるといわれている。

誰しも熱や、おなかを壊すなどの症状が出れば、その症状に応じて病院に行く。しかし、物忘れや、怒りっぽくなることや、これまで出来ていた片付けが、出来なくなるといった現象が起きても、この段階で、認知症の初期症状を疑って専門医を受診することは、一般化していない。仮に家族や身の回りの人が、認知症初期症状と普通の物忘れとの違いを知っており、気づいて勧めても、本人が拒むであろうことは容易に想像出来る。

初期段階で病気を発見する手立てとして、たとえば自治体が実施するレントゲンや、血液検査などの定期健診時に、「認知健診」を入れることは出来ないだろうか。こうした方法なら、検査を受ける抵抗感はなくなるだけでなく、認知症に対する基礎知識も一般化するので、日常生活のなかの予防にも関心が向くだろう。

最近、テレビで著名な解説者が看取りのテーマのなかで、自分は「家族に、認知症になった

表 4-1　認知症高齢者の日常生活自立度

	判定基準	見られる症状・行動の例
自立	認知機能障害は見られない.	
Ⅰ	何らかの認知症を有するが，日常生活は家庭内及び社会的にほぼ自立している	
Ⅱ	日常生活に支障を来すような症状・行動や意思疎通の困難さが多少見られても，誰かが注意していれば自立できる.	
Ⅱa	家庭外で上記Ⅱの状態が見られる.	たびたび道に迷うとか，買い物や事務，金銭管理などそれまでできたことにミスが目立つ等
Ⅱb	家庭内でも上記Ⅱの状態が見られる.	服薬管理ができない，電話の対応や訪問者との対応などひとりで留守番ができない等
Ⅲ	日常生活に支障を来すような症状・行動や意思疎通の困難さがときどき見られ，介護を必要とする.	
Ⅲa	日中を中心として上記Ⅲの状態が見られる.	着替え，食事，排便・排尿等が上手にできない・時間がかかる，やたらに物を口に入れる，物を拾い集める，徘徊，失禁，大声・奇声を上げる，火の不始末，不潔行為，性的異常行為等
Ⅲb	夜間を中心として上記Ⅲの状態が見られる.	ランクⅢaに同じ
Ⅳ	日常生活に支障を来すような症状・行動や意思疎通の困難さが頻繁に見られ，常に介護を必要とする.	ランクⅢに同じ
Ⅴ	著しい精神症状や問題行動あるいは重篤な身体疾患が見られ，専門医療を必要とする.	せん妄，妄想，興奮，自傷・他害等の精神症状や精神症状に起因する問題行動が継続する状態等

出所）厚生労働省「認知症高齢者の日常生活自立度判定基準」より抜粋

時に、いじめないで欲しい、そのためならなんでもする、と言っている」と発言していた。こうした人でも、不安に思われているのだと、少々驚いた。

認知症の予防が進むことは、こうした漠然とした「老後の不安」の大きな要素のひとつがなくなることを意味する。何より本人や家族にとって望ましい。無論、社会的なコスト削減にもつながる。是非とも早急に取り組んで欲しいと願う。

第5章
今日から始める「老活」のすすめ

少子高齢化が進展するなか、二〇二五年には団塊世代が七五歳を超え、医療や介護を必要とする人が増えることから、高齢者を取り巻く社会環境はますます厳しさを増していくとされる。こうしたなか、一部のゆとりある人達を除き、かついわゆる中間層といわれてきた人達を含め、誰もが「老後破産」に陥る危険があると懸念されている。そして老後の備えにひたすら預金している人がいる一方で、考えなく預貯金を取り崩している人もいるという。誰もが考えてもこなかった人生一〇〇年時代に向かうなかで、みな漠然とした不安を抱えている。

ここまで本書では、介護に焦点をあて、住まいに関する情報を整理した。本章では健康寿命を出来るだけ長く延ばし、仮に介護や療養が必要となっても介護の重度化を防ぐことができる「ついの住まい」を早めに決め、自分らしい住まいの「老活」を始めることの意義、考え方をまとめた。まずは自らが置かれている状況を確認し、それぞれのライフデザインを見直し、出来ることから取り組んで欲しい。

1　誰でも陥る危険「老後破産」

厳しさを増す社会環境

少子高齢化のなか、増加していく社会保障費の抑制に向け、

- 年金の実質切り下げ
- 医療保険・介護保険料の値上げ
- 医療保険・介護保険利用時の自己負担率の一部引き上げ
- 高額療養費・高額介護サービス費制度*（二一八頁参照）の上限の切り下げ

といった見直しが行われている。

なお、高齢世帯で負担の増加対象となるのは主に「住民税負担世帯」「現役並み収入世帯」であろう。共稼ぎ世帯や高収入世帯など、一部のゆとりある世帯を除くと、過去においていわゆる「中間層」とされた、〝平均的な〟勤労世帯（男性が働き、専業主婦が家事や育児を行う。主婦は子育てがひと段落すると扶養家族の範囲でパート勤務に出るなど）は、病気や介護の問題が生じた

時、誰もが「老後破産」に陥る危険があるともいえる。
「老後破産」に陥らないためには、こうした制度のなかで、自分がどのあたりに該当するか事前にある程度理解しておくことも大事だ。ただし、収入に応じて異なる自己負担率などは、各制度で一様でなく、自治体などで公表されている情報は、所管別のため、たいへん分かりづらいので注意が必要である。

*月額一定以上の費用がかかった場合、限度額を超えた部分が返還される制度。

重い施設入所コスト

テレビや雑誌で「老後破産」について取り上げられることも多くなってきた。そこでは主に、介護の現場を知らないであろうファイナンシャルプランナーらが、年金収入と毎月の支払い額との差となる赤字補塡額に、平均余命の年限を乗じて、赤字に陥る危険を指摘し、生活費の見直しを提言するなどしている。他にも、健康寿命*と平均寿命の差を短絡的に要介護期間とする例も散見される。

最近、新聞社のネット記事として掲載された事例のなかに、数駅離れたところに住んでいる息子が両親の介護のことで相談したケースがあった。金銭的に比較的恵まれているケースでの「老後破産」を取り上げたものなので、検証する。

＊国が公表している健康寿命では、日常生活に制限のない人を健康とみなしている。算定には、自分が健康であると自覚している人、すなわち国民生活基礎調査の自己記入方式で、健康状況に対し、「あまりよくない」「よくない」と回答した人も不健康な状態として用いている。他に、要介護2や要支援1以下の人を健康とするなどいくつかの考え方がある。なお、健康寿命、平均寿命とも都道府県による差が数年あり、いずれも公表されている。

ある老後破産の事例検証

両親の退職時、預金は三〇〇〇万円程度あったが、元気な時に何も考えずに消費し（病気などで費用がかかったのかは不明）半分程度まで減った。夫婦合わせた年金は月額三〇万円強ある。こうしたなかで、母親（七六歳）が認知症（要介護2）で徘徊し、介護の担い手である父親（七八歳）は食事をつくれず、宅配や外食に頼り、掃除、洗濯といった家事の負担に加え、徘徊の対応にくたびれ、在宅での生活が困難となった。このため、母親は、近隣の施設へ入所した。母親は要介護2のため特別養護老人ホームへの入所資格はなく、一時金の不要な月額二五万円程度の施設へ入所した。残された父親の生活費もかかるので、毎月預金を取り崩している。介護はいつまで続くか分からず、このままでは不安、という内容だった。

これに対しファイナンシャルプランナーは、これまでの生活を基に、毎月の赤字からみて預金は一〇年で枯渇してしまうと指摘。平均余命などから割り出した両親の寿命と、要介護者の一五％は一〇年以上介護を続けている実態を示し、このままでは両親の生活は破綻に陥る危険があるので、支払い能力に応じ、より郊外の施設（月額一七万円）へ変更することを解決策として示していた。そして、該当する施設を見付けることが出来たので、この夫婦の「老後破産」は免れることが出来ると結論づけた。

なお、東京近郊にある認知症の方を専門とする入所施設であるグループホームの一般的な費用は、雑費を除き月額二〇万円程である（収入により介護保険の負担率は異なる。詳細は巻末の「様々な「ついの住まい」」を参照）。

この事例の問題の第一は、母親が七六歳で認知症となり、七八歳の父親が介護するという設定がどちらかというとレアなケース（第一章図1-2参照）であることや、介護認定されている期間が一〇年以上という統計上の期間を施設入所期間と短絡的に捉えていることなど、介護の基本に関する杜撰な認識を前提としていることである。

ちなみに、二〇一七年三月介護保険審査分から女性の介護認定状況を確認すると、七五～七九歳女性で介護認定者は対象人口の一〇%ほどで、うち要支援1～2が三%、要介護1～2で四%、要介護3～5は三〇%となる。八五～八九歳女性では、介護認定者は対象人口の半数ほど(四七%)に増える。うち要支援1～2が一〇%、要介護1～2で一九%、要介護3～5は一七%である。

このデータを参考にし、要介護1～5が三分の一となる八五歳で、本ケースを設定するなら、必要となる施設入所費用は大幅に減る。こうしてみると、介護状態となることを防ぐ、とりわけ介護を重度化させないことが、老後破産を防ぐことに直結することが分かる。

問題の第二は、ファイナンシャルプランナーのアドヴァイスは、在宅介護の可能性について一切触れられていないことにある。認知症による徘徊に伴う介護疲れが施設入所の前提とされているが、徘徊は周辺症状であり、家や暮らし方の問題を改善し、ケアの方法などを工夫することで、ある程度落ちつかせることは可能である。デイサービスやショートステイを利用するなど、ケアプランを見直すことで、家族の介護負担を軽減することも出来る。この事例では、息子は近くに住んでいるので、家事や介護を多少なりとも負担し、父親の疲労を軽減することも出来るだろう。父親や息子も簡単な調理、掃除や洗濯を行うことが自らの認知症などの介護予防につながることを理解しているなら、家事に対する気持ちの上での負担感も薄れるだろう。

なお、ある程度金銭面でゆとりがある場合、家で介護するより良いケアを受けられる施設も存在するので、もちろんこうした施設への入所も選択肢の一つとなる。立地にもよるが、施設は低料金になるほど、居住環境やケアの質が低下していく傾向にあることは想像に難くない。ただし、施設へ入所してから病気などで入院する必要が生じた場合、施設への支払いと入院費用の支払いの二重払いとなる。また、通院介助が必要となり家族が対応出来ない場合は、自費となる。介護度が進み、オムツが必要となると、その費用も数万円かかる。このケースは住民税負担世帯のため、仮に特別養護老人ホームへ入所しても、それなりの費用がかかることに留意する必要がある。

参考までに、筆者の母が施設入所したと仮定すると、下記のようになる。

• 九二歳で骨折した時、介護が重度化し入所を余儀なくされたケースでは、

民間施設費用が月額二五〜三〇万円なら、六年間で一八〇〇〜二一六〇万円

厳しい年金暮らしの「夫婦のみ世帯」

・九六歳心不全の時、介護が重度化し二年間施設入所を余儀なくされたケースでは、

民間施設費用が月額二五〜三〇万円なら、二年間で六〇〇〜七二〇万円

在宅でも生活費はある程度かかるので、その費用を差し引いて追加の月額負担を仮に月一五〜二〇万円程度だとすると、六年間では一〇八〇〜一四四〇万円、二年間で三六〇〜四八〇万円となる。こうしてみると、将来に備えて医療費三〇〇万円、介護費三〇〇万円程を確保しておきたいというライフプランは、あくまで在宅での生活を前提としていることが分かる。

ちなみに、男女とも介護要因の上位の脳梗塞に罹患すると、一般には緊急病院に一か月入院し、その後リハビリ専門病院に五か月入院する。この間に必要となる費用は、食費、医療費(高額療養費上限)、オムツ代などで月額一五万円程となり、これだけで九〇万円。差額ベッド代を仮に一日〇・五〜二万円とするなら、九〇〜三六〇万円がプラスされ、合わせて一八〇〜三六〇万円が必要となる。

参考に、介護費用がかからないことが前提の元気な高齢夫婦(年金のみで生活しているケース)で総務省統計局による世帯家計収支をみると、月額支出二六・八万円、収入二一・三万円で、赤字が五・五万円である。一般に介護時は活動範囲が狭くなるため、全体の四〇%程(一〇万円ほど)を占める交際費や教養娯楽費、交通・通信費等の支出は相当減少するので、新たに発生する医療費や介護費が五万円程で収まるなら、毎月の赤字はあまり発生せずに暮らしていくことは可能であろう。

ちなみに、四〇年間サラリーマンとして勤めた男性と、国民年金を満額もらっている専業主婦の夫婦年金額は、現在おおよそ二五万円。また、サラリーマン男性の月額年金のピークは一八万〜一九万円で、女性は月額年金のピークが九万〜一〇万円となり、合わせると月額二七〜二九万円となる。預貯金、資産などにより状況は異なるが、夫婦のうち一人が介護のため民間施設への入所を余儀なくされると、月額二〇万〜三〇万円程度はかかるので、家で生活する人の生活費を含めて年金から賄うことは難しい。二人とも要介護となると、より負担が増す。一人が要介護となり、夫婦で施設入所を希望される方もいるが、夫婦で入居できる施設は極めて少なく、施設と在宅の二重生活とならざるを得ないため、金銭面での厳しさが増す。*

＊住民税が非課税になると、介護保険料や高額療養費、高額介護サービス費、高額介護療養合算費などにおける自己負担が軽減される。他に特別養護老人ホーム、グループホーム費用等も軽減される。なお、住民税非課税世帯とは、世帯全員が住民税非課税の世帯を指す。住民税には所得割と均等割があり、均等割は各自治体の条例で定められている。非課税となる目安(例東京二三区)は、二〇一八年現在、六五歳以上の公的年金等受給者夫婦(配偶者を扶養している場合)は年金収入が二一一万円以下。なお、住民税は複雑なので詳しくは各自治体に確認したい。

2　正しく恐れる「老後破産」

それでは今一度、夫婦で年金などの月額収入が二五万円程の住民税課税世帯でも「老後破産」を恐れなければならないと言われている現状を検証してみる。

「老後破産」の危険とは

二〇一五年の東京都による六五歳以上のデータを基に、必要な介護費用をシミュレーションした。データでは要介護2となるのが、男性で八二・五歳、女性は八五・六歳(要支援1は、男性八一歳、女性八二・五歳)。要介護2からの平均余命を六五歳と八〇歳(女性は八五歳)とすると、男性は二〜六年、女性は四〜八年程となる。認知症のグループホームへの入所条件が要介護2以上で、特別養護老人ホームへの入所条件が要介護3以上であることを考慮し、ゆとりをみて要介護2で民間施設へ入所すると仮定して試算した。

施設は月額二五万円かかるとして、男性が二〜六年入所した場合は、累計で六〇〇〜一八〇〇万円。一人が家で生活し、仮に入所費用を年金費用で充当出来るとし、残された人の生活費が月一五万円ほど(各種税や保険料、水光熱費などの必要費用を含む)かかるとするなら、三六〇〜一〇八〇万円不足する計算になる。一時金が数百万円必要な施設を選ぶなら、その金額を加えた額となる。一人となり年金が減った後、さらに施設入所が四〜八年で、毎月一〇万円の赤字なら、四八〇〜九六〇万円が必要となる。これらの値を参考に、世帯主の年齢八〇歳の元気な「夫婦のみ世帯」の備えとして考えられる介護費用は、(要介護2となった時点での平均余命を基にすると)二〇〇〇万円以上となる。

他に病気による入院費用などもある程度必要となることが予想されるので、この金額はさらに膨らむが、逆に入所が必要な期間が短ければその期間だけ少ない費用で収まる。

高齢になると健康は個人差が大きくなる。試算も六五歳からの平均余命を基にした寿命と要介護2となる年齢の差とするなら、必要な費用は一〇〇〇万円程度で収まる。この差をどのように捉えるか、それぞれで判断して欲しい。なお、家族などによる介護、住まいの状況などの諸条件にもよるが、要介護2程度までは、比較的在宅で生活することは容易である。参考に、要介護の人の在宅率を二〇一七年介護保険費用五月審査分にみると、要介護2までは八〇%の人が家で暮らし、要介護3を超えると、在宅率は半数を下回り、要介護5で四〇%程に減る(第一章図1-4を参照)。

こうしてみると、「老後破産」の危険は、病気や介護の問題につきるといえる。安心して、安全に暮らし、要介護とならないように、予防する。そして仮に介護認定をうける状態となっても、入所が必要にならないよう介護の重度化を防ぎ、要介護1以下を保つことが大事であることが分かる。

ちなみに、二〇一五年の貯蓄現在残高年齢階級別世帯分布(『平成二八年版高齢社会白書』)の預貯金の分布(世帯主六〇歳以上、単身世帯を除く)では、預貯金が三〇〇〇万円以上の世帯は二七

%強である。貯蓄の目的は六〇%強が病気や介護への備え、生活維持が二〇%であった。

世帯主が六五歳から八〇歳までの一五年間に、一〇〇〇万円（月額五万円程）の預貯金を生活費などに取り崩すと仮定し、八〇歳で介護・医療費として上記の中間値となる一五〇〇万円以上を必要とするなら、六五歳で合わせて二五〇〇万円以上の預貯金が必要となる。統計上でこれを充たす世帯は全体の四一・一%であった。一方、六〇歳時の預貯金が一〇〇〇万〜二五〇〇万円の層は、二九・六%である。この統計だけで物事を判断することは出来ないし、そもそも必ずしも要介護2から施設に入所するものではないが、こうした層でも破産予備軍となる危険があることに留意する必要がある。

これまでの夫婦は、男性が女性より数年上であることが多く、男性と女性の要介護期間が重ならないケースも多かった。だが、団塊世代あたりからの夫婦の年の差は少ない傾向にあるので、これまで以上に老老介護や二人共の施設入所の必要性が高まる可能性があると思われる。

先にみたように、「老後破産」を防ぐには、第一に健康寿命を延ばすことであり、生活習慣病に罹らないように、食事に注意し、運動し、住まいや暮らしを見直す。そして趣味をもち、知人や友人と交わり、出来る範囲で地域活動に参加するなど、人とのコミュニケーションを図ることが重要であろう。

介護の重度化を防ぐ

老後破産を防ぐポイントは、加齢により身心機能がある程度低下していくなかでも、出来るだけ要介護1程度をキープすることだ。

これまで筆者の母は要介護1・2を経験してきた。年相応の物忘れはあるものの、介護保険のサービスを利用することで、自律的な生活が保てている。このため家族の介護負担は、日常的な食事の用意などと家事と、おおよそ一か月半に一回の定期的な病院への付き添いや、広い意味でのケアマネジメントと見守りや散歩などへ連れて行くといったものである。心理的負担としては、この期間が長期にわたるため、少し長期の旅行などが出来ないといった、拘束されることからくる閉塞感だろうか。近くの特別養護老人ホーム、老人保健施設、有料老人ホームのショートステイを見学したが、毎日のリズムを変えたくないことや、母の状態にはいずれも合わないことから、これまで一度もショートステイを利用したことはない(人によってはショートステイで状態が悪化することもある)。それでも、入院中や療養期間を除き、介護による負担感はそれほどない。なお、母の事例で言えば、外反拇趾の悪化や不用意な骨折を防ぐことは出来たし、心不全も早めに治療しておけば、今も要支援1〜2程度をキープできたであろう。

このように、仮に要介護となったとしても、バリアフリー化された住まいで福祉用具類を利用出来れば重度化は防げる。住まいの問題点を改善することは、家庭内事故を防ぎ、健康寿命を延ばすことにつながる。まずは、不要なものは定期的に捨てるなどして、整理整頓を心掛け、家や家具などを見直したい。

仮に、生活改善のために三〇〇万円程の費用をかけることは、月額二五万円(家での生活費を除き月額一五万円支出増と仮定)かかる施設に二年間入所する費用三六〇万円より安くなる(三年入所では五四〇万円)。ちなみに、三〇〇〜五〇〇万円ほどでトイレや浴室、台所など水廻りに加え、リビングや居室程度の一般的なリフォームは可能であろう。大きな家なら、自分達の生活する部分だけのリフォームも考えられる。費用をあまりかけられないなら、内開きのトイレや浴室の扉を直すことや、いつも使う扉の下枠を撤去する、ガラス窓などを断熱化し、温熱環境を整えるだけでも良いだろう。ガラス窓などの断熱化は、窓等の面積や改修の仕様等にもよるが、三〇坪ほどの家全体を実施しても五〇〜一〇〇万円で収まるだろう。

「いざ」という時ではなく、是非とも予防にお金を使うようライフデザインを見直して欲しい。

道具を選び、暮らしを見直す

筆者が訪問した九五〇件程のケースのなかには、腰や膝を痛め、要介護となった方が沢山いた。こうした方の大半は、整形外科に通いながら、家で暮らしている。家での暮らしをみると、畳においた低い椅子や居間のソファーで日中ほとんどを過ごしていた。

筆者はかつて脊柱管狭窄症を患い、一か月ほど寝たきりに近い生活を過ごしたことがあった。そのとき医師から、当面手術はしないとして、理学療法で治すか、注射などによる治療を希望するか問われたが、過去にブロック注射が利かなくなり悲惨な状態になった方に何度もお会いしていたので、即座に理学療法を選んだ。

治療のなかで、理学療法士から歩行や椅子の座り方(電車のなかも同じ)の指導を受けた。そのとき、いわゆる〝ずっこけ座り〟で長時間椅子に座ると、それだけで状態は悪化する、治療の意味はなくなると何度も注意された。こうした経験から、腰痛の人などには、必ず、椅子を選ぶことの大切さや、ずっこけ座りを防ぐよう、腰の後ろにクッションなどを入れて腰を立てるようにアドヴァイスしてきた。

品川区の「住まい館」では、オープン当初から複数の椅子を展示し、いつも椅子の大切さ、選び方を案内してきた。そこで展示していた椅子が五、六万円を超えるものであったため、来場者は異口同音に、「高い」と驚かれていたが、テレビや補聴器、ゴルフクラブの値段などと比べては如何でしょうと相談員が伝えると、皆、納得された。「自分に合う椅子を買う」お金は、是非とも自立を継続させるための必要経費として捉えて欲しい。

利用する道具類を見直し、間取りや家具配置の見直しも合わせて行い、一定のバリアフリー化すれば、万一、療養や介護が必要な状況になっても、介護保険の住宅改修制度の範囲程度で

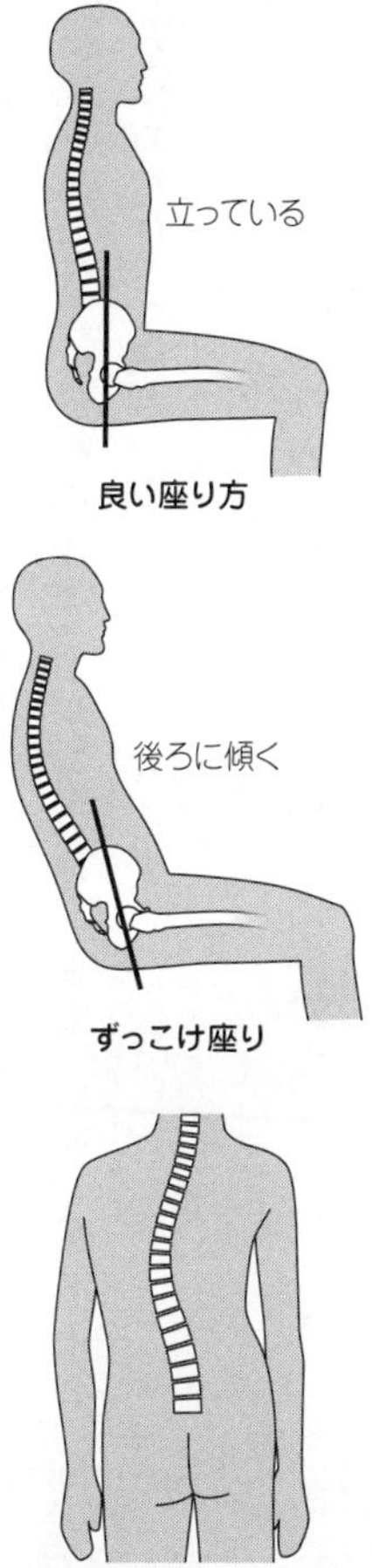

⑱背骨が曲がった様子，体のバランスが悪くなり，転倒の危険も増す．

介護の重度化を防ぎ、自立生活の継続が可能となる。家族の介護負担も少なくてすむ。何よりこの間、気持ちよく生活出来ることが最も重要である。老後の備えとして、家や暮らしの見直しを早めに行って欲しいものである。

3　それぞれの「ついの住まい」に向けて

人生一〇〇年時代のライフデザイン

医療の進歩や、運動や食事の大切さの理解が広がることなどによって、様々な予防の効果も現れ、男女とも平均寿命、平均余命は延びている。筆者は、一九九八年『五〇歳から生きる家《うち》』(婦人生活社)を出版したが、このなかで、「人生一〇〇年時代の自立生活」の項をたて、高齢期を、九〇歳から一〇〇歳までを視野に入れ、一般的に身体機能の低下する七五歳から二〇年間程度の期間とした。当時は、「人生九〇年時代」と言われ始めた頃であったので、一部から非難された記憶がある。しかし今や、「人生一〇〇年時代」は広く認識されている。社会保障費抑制の観点からか、七五歳からの後期高齢者の定義を見直そうという動きもある。筆者の実感でも、少し前までは八五歳を過ぎると、一人暮らしは難しくなると捉えていたが、いまや九〇歳でも問題なく暮らしている人は珍しくない。

六五歳を定年と考えると、八五歳までは二〇年、九〇歳では二五年となる。こうしてみると、生まれて独り立ちしていく三〇歳くらいまでを第一ステージ、それから結婚、子育て、仕事と活動する三〇年を第二ステージ。六〇歳から九〇歳までを第三ステージと捉えることも出来る時代となったと言えるだろう。そして大半の人が何らかの生活支援が必要となる九〇歳以上が第四ステージとなる。第三ステージは、大半の人が健康な前期を七五歳までとし、七五歳からを後期に分けてもいいかもしれない。第三ステージ以降となる高齢期の健康状態は個人差が大きく、特に病気でなくとも同じ年齢で状態が一〇歳以上違うことは珍しくない。

このように捉えるなら、第三ステージの前期はその期間の健康を保つことは無論、後期に向けて健康寿命を延ばすための準備期間ともなる。

こうした観点から、人生一〇〇年時代のそれぞれのライフデザインを整理してみてはどうだろう。平均寿命が六〇歳だった頃の意識で、第三ステージを老後として過ごすという意識も変わりつつある。いつまで、どこで、どのように働くか、暮らすか。お墓や遺産相続の心配で

「終活」することも大切なことだろうが、その前に、第三ステージを充実して過ごすだけでなく、第三ステージの前半には「ついの住まい」を決め、将来にわたるライフデザインを描く「老活」を済ませたい。

ちなみに、一〇〇歳以上の人口は、一九六三年には一五三人であったが、一九九八年には一万人を超え、二〇〇八年に三・六万人、二〇一三年には五・四万人、一七年七万人弱と、年々増加している。

参考までに賃貸住宅に住み続けるとした場合の支払い累計は表5-1のようになる。

知識を持ち、意識を変えよう

これからの少子高齢化をこれまでの意識で切り抜けることは個人も社会も困難であろう。団塊世代がすべて七五歳以上となる時期を「二〇二五年問題」として、様々な見直しが始まっている。そこでの推計は、これまで同様の医療や介護サービスの内容を前提としているようだ。しかし、前提が変われば、個人の破綻を防ぐことにつながり、結果として、社会保障費の伸びを抑えることにもつながる。

表 5-1　賃貸住宅に住み続けた場合の推定支払い累計

家賃	月額 3 万円	→	720 万円	(540 万)
	5 万円	→	1,200 万円	(900 万)
	10 万円	→	2,400 万円	(1800 万)
	15 万円	→	3,600 万円	(2700 万)

＊単身世帯　65.7%
＊80〜100 歳，または 75〜95 歳までの 20 年間と想定
（カッコ内は 15 年間の参考額）

［参考］65 歳以上高齢者のいる世帯持ち家率

世帯平均	82.8%
夫婦のみ世帯	87.2%
その他世帯	90.0%

注）生活保護費のうち単身の住宅扶助費は東京 23 区で月額約 5.4 万円
出所）2013 年度住宅・土地統計調査（2014 年 7 月 29 日，総務省統計局）

たとえば個人が適切な椅子を選び、あるいは姿勢を保てば腰痛による歩行困難や介護の重度化は、相当防げるだろう。足に合う靴を選ぶことは、ロコモティブシンドロームを防ぐことにつながる。健康寿命を保つため、運動や食事に気を付け、生活習慣病を防ぐだけでなく、病気や介護の要因の主要ポイントを、早くから意識して「もの」を選ぶ、そんな視点も大事な事柄である。

介護保険が開始されてからすでに一五年が経過している。この間の経験を分析すれば、ある程度高齢期の生活上の課題を整理することはそれほど難しいことではないだろう。

早めに決めたい「ついの住まい」

第三ステージから第四ステージに向けて、早めに「ついの住まい」を決めることが大事な理由として、「いざとなってからでは間に合わない」事例に沢山出会ってきたからだ。「住まい館」では、「いつまで生きるか分からないのに、リフォームなどにお金はかけたくない」と言う要介護者を抱えた家族は珍しくなかった。

伺ったお宅のなかには、出来ることなら何でもしたいという家族がいる一方で、一人暮らしの親が暮らす二階の居室を一階へ移すための片付けさえ、「兄弟の誰が行うか揉め」、実行出来なかったケースもあった。ただし、在宅生活を続けるには他に方法がなく、結果として状態が悪化してから、一階へ移られた。「いざという病気や介護の時」などにある程度自分の意志を伝えることが出来ても、それを実行する人がいなければ、仮に金銭的ゆとりがあっても、適切な対応は到底望めない。夫のために手摺を付けることさえ、じゃまだからと拒んだ妻もいる。

一人暮らしや老老介護で生活が深刻化するケースは多い。また、妻が要介護となり、夫が健康な場合、介護保険の制度上、買い物や調理、掃除などでヘルパー利用は出来ないので、家事の経験のない男性がすべてを担うことになる。こうしたケースでは、食生活はおざなりになりがちで、二人共の悪化につながっている。

子どもが同居しているケースのなかに、両親の介護を息子一人で看ている事例にも何度か遭遇したが、経済的ゆとりのないケースでは、息子は日中二人の介護や病院通いの付き添い、生活のための夜間勤務と、寝る間もなく疲れ果て、一家の生活は破綻寸前であった。経済的に問題がなく介護に専念出来るケースでも、疾病のためデイサービスも利用出来ない父親と、認知症で頻繁に息子を呼ぶ母親の介護により、息子は腰痛となり倒れる寸前だった。ヘルパー介助や施設入所を検討すべき状態だったが、考えるゆとりなく毎日に追われていたようで、家の中は乱雑なまま。こちらの家族の生活も破綻寸前だった。

こうした状態となった時、浴室やトイレといった生活の基本となる部分に改善が必要になっても、家族に実行する余力はない。繰り返しになるが、自分の意志で、将来のライフデザインを描き、早めに「ついの住まい」を決めておくことや、実行することが肝心なゆえんである。

コース別ついの住まい

巻末にまとめた様々な「ついの住まい」の特徴を参考に、それぞれの家などの状況を総合的に判断し、自分のコースを選んで欲しい（図5-1）。

A：元気なうちから、将来の安心を考え、介護が重度化しても、そのまま同じ施設内で暮らせる介護付き有料老人ホームへ入所する。

• ある程度の初期費用がかかるが、月額の利用料金の目安がたつので、資産のある一人暮らしの人には安心な施設ともいえる。

B：元気なうちに見守りがあり、生活支援が充実している住まいへ転居する。

要介護となるのを防ぎ、介護となっても重度化を防ぐことに重点を置く場合に適しており、一人暮らしや高齢者のみ世帯の安心につながるが、介護が重度化した場合に住み続けると高額負担となるケースもある。こうした場合は介護専用施設へ転居する。

• シニア向け分譲マンションやサービス付き高齢者向け住宅等様々な住まいがあるので、選択する前に、それぞれの特質、必要な費用をよく把握しておく。

C：出来るだけ長く家で暮らし、介護が重度化したら介護付き施設へ入所する。

• 長く家で暮らすためには、家をバリアフリー化する、または条件に合う家を探して転居

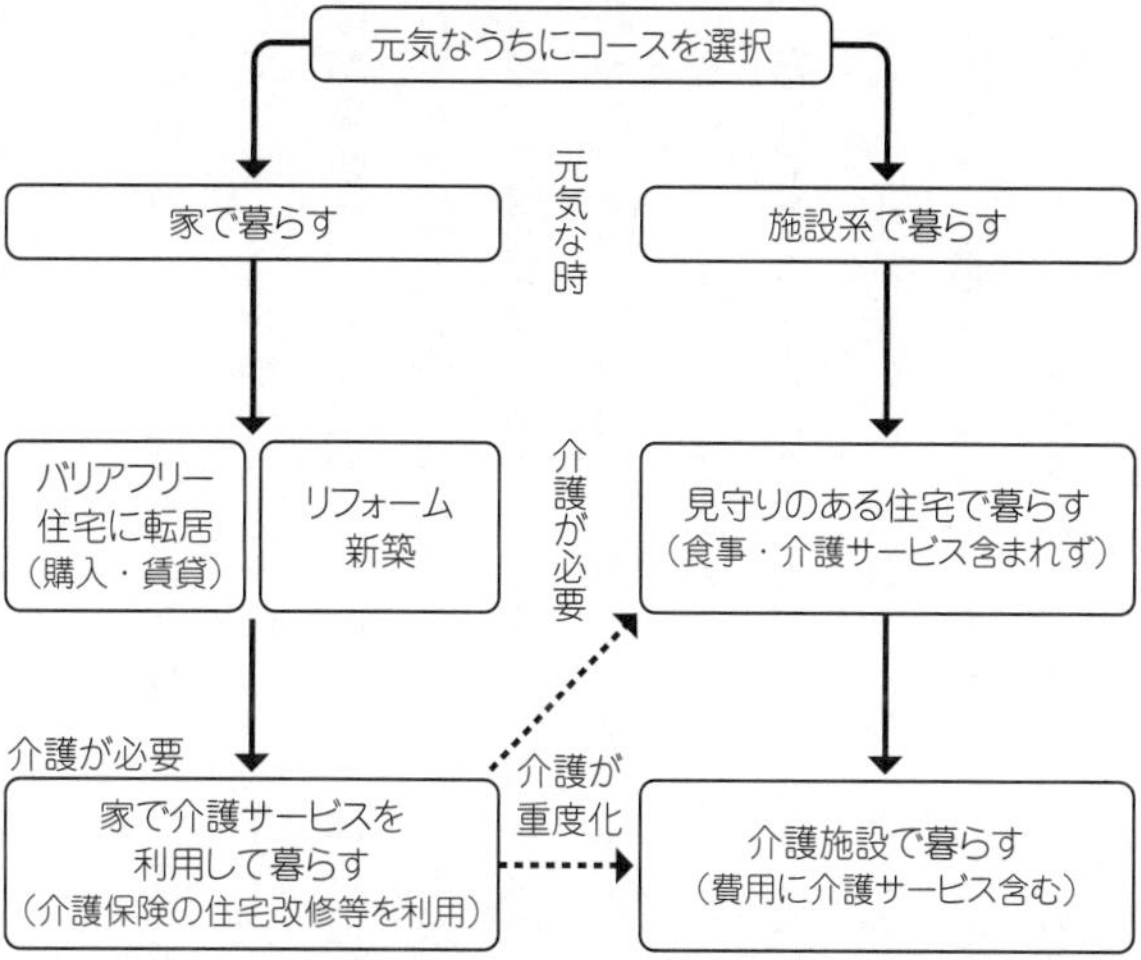

図 5-1　ついの住まいを選択

する必要が生じるケースが想定される。一人暮らしや高齢者のみ世帯の場合は、なんらかの見守りサービスが必要となる。

・施設への入所を希望する場合、それを実行出来るよう、どの程度の施設への入所が可能か、希望するかなど、家族などに周知しておく必要がある。

D：最後まで家で暮らす。

・子どもと同居、近居の場合や要介護1〜2程度を保つことが出来るなら、最後まで家で暮らせるだろう。

・家をバリアフリー化することや、条件に合う家を探して転居する必要がある。ただし、家族の状況や地域の福祉資源により、難しい場合がある。一人暮らしの場合など、特に注意が必要。

なお、家に住み続けたいと希望される老夫婦が、戸建住宅に住み続けることが困難な事例として、家から敷地外へ出るのに、段差が多く、病院やデイサービスに行くためにヘルパーの助けが必要で、介護保険のサービスでは負担を賄えない、といったものがある。家族が同居していても、段差解消機を利用することが出来ず、門を移動したり、玄関先の階段をつくり替えるなど、大幅改修が必要となり、相当な費用が掛かったり、ケースによっては改修不可能な家もあった。階段や坂道は、ある程度元気な時には、健康を保つことにつながるが、一旦、要介護になると、家で暮らす際の大きな障害となる。

忘れてならないのは、入院や施設などへ入所する場合、多くは「身元保証人」が必要になることだ。生活費の出し入れや、役所などの手続きが自分で行えなかった時には、代行する「成年後見」が必要となるが、両者を兼ねることは出来ない。将来的に一人暮らしが想定される場合は、どこで暮らそうともこうした面での準備が必要となる。

身元保証人

法律的に定められていないが、入院費用の保障や亡くなった場合の引き取りや片付け等責任をもって行う。有料で保証人を引き受ける団体や会社がある。こうしたサービスを行う会社のなかで倒産したところもあるので注意が必要。

成年後見

法律に基づくもので、自分で生活費の管理や支払いや介護保険サービスの契約などが困難となった場合に代わって実行する。裁判所が関与する「成年後見」までに至らなくとも、日常的な生活費の出し入れなどに関し、自治体によっては社会福祉協議会などが任意のサービスとして、提供しているところもある。

参考に、少し古いが二〇〇六年に「住まい館」での代表的な相談事例のなかから、「ついの住まい」を計画していた人の動機などをまとめ、「これからの高齢者のライフスタイルと居住ニーズ」の題で団塊世代を主たる対象とした雑誌に寄稿したので、以下紹介する。

- 将来自立した生活が出来るようにしたい。

●退職したので、自分自身の今後のため、築三五年の自宅を改築又は新築する。
●夫と別に、一人で生活出来る家をつくりたい。
●広い家は無用。今住んでいる家は子どもに譲り、自分ひとりが住みやすい家を建てたい。
●妻は夫と出来るだけ顔を会わさずに暮らしたい。
●退職したら故郷に帰り、なるべく人の助けを借りずに最後まで暮らしたい。
●老朽化した自宅が改修不可能で、建て直しが必要。今後のことを考え、子どもの住まいの近所にマンションを購入する。

4　今日から始めよう「住まいの老活」

これからの急速な社会環境の変化によって、これまでの親の介護体験や、身の回りの経験では対処することが出来なくなる。自分の置かれたポジションをきちんと認識し、健康寿命を延ばすことを第一に、出来ることから始めて欲しい。

バリアフリー化された家で暮らすことで、介護の重度化が防げ、家族の負担が軽減されることはよく知られている。

筆者が「住宅改修アドヴァイザー」として要支援や介護となった高齢者宅を訪問した経験の多くは、介護保険制度による「住宅改修」と自治体による助成制度を利用した浴室改修を主体としたものであった。家全体をバリアフリー化した事例は多くはなかったが、いずれの工事でもリフォーム後に伺うと、「もっと早く工事しておけばよかった。有り難うございました」と笑顔で迎えて下さった。

このようなリフォームは、要支援1〜2といった程度の人や、要介護1〜2ぐらいまでの人にとって、たとえ手摺数本でも、自ら出来なかったことが出来るようなり、不安だった動作が安定し、大きな効果をあげる。「トイレに行ける。お風呂に入れる」といった、普段は当たり前と思っている日常生活を継続出来ることは、その行為が出来ることだけでなく、精神面の充足、安定に寄与する。

これに対して要介護3以上の方のリフォームは、主に在宅を希望される家族が、介護負担の軽減や、在宅を継続するためのものである。

退院の前や、介護が重度化してからの大規模リフォームは、通常の何倍もの負担増となるので、家族の強い思いがなければ、難しい。

すぐに、あるいは、近い将来、施設などへの入所を希望されず、在宅を選択されるなら、
- 整理整頓し、不要なものは出来るだけ処分する。
- 家庭内事故を防ぎ、寿命を延ばすよう、家や暮らしを見直す。
- 家事や地域活動などを積極的に行う。
- 色々な趣味を持ち、人とコミュニケーションを図る。

といった、今の暮らしや住まいを見直すことから、始めると良いだろう。

まずは手始めに、誰でも出来る介護予防として転倒骨折を防ぐ下記のことは、すぐに開始して欲しい。

●整理整頓
乱雑な室内、階段や廊下など通路上に置いた物等はつまずきの要因となるので、いつも利用している場所だけでも常に整理整頓を心掛けたい。なおこれまで整理出来ていた人が出来なくなり、家に人が来ることを拒んだりするようになることがあるが、こうしたケースでは認知症が疑われるので、早めに対処したい。

●置敷のカーペットやスリッパの利用に注意

国民生活センターによると転倒場所として最も多いのはリビングであり、次に階段と続く。この要因と考えられるのが、端のまくれ上がった置敷のカーペットや、リビングや居室などで、いつも通る動線上にある電気コード類である。こうしたケースでスリッパを利用していると自由が利かず危険が増す。

●階段には手摺を

階段がある場合は、元気な人でもすぐに手摺を付けることが推奨されている。仮に手摺があっても、床面が滑りやすい、一段が高い、踏面が狭い、登り口で曲がっており、踏面が斜めの場合など、特に注意が必要である。

繰り返しになるが、早めの行動が大事な意味を今一度紹介する。

立ち座りが困難で、杖を利用している一人暮らしの人(要支援)が、家の片付けが出来ないまま乱雑ななかで暮らしていた。運動し、食事に気をつけ生活習慣病を防げば、病気や介護、死亡のリスクは減るが、長く立っていることが出来なくなると、調理は出来ず、食事はおろそかになりがちで、健康を維持していくことは困難となる。利用しない「もの」にあふれた家では、歩行補助の福祉用具は利用出来ず、結果として動かないので、介護は重度化していくだけでなく、家庭内事故を引き起こすことにもつながる。家を片付けることだけでも介護の要因の上位である転倒骨折を防ぐことにもつながる。リハビリに通い、あるいは整形外科に通いながら、家でずっこけ座りをしている人は多いが、こうした生活は、それだけで状態を悪化させる。多くの場合、すでに当事者には解決能力はなく、家族などの手助けがなければ、そのままで介護の重度化は必然である。

これに対して、バリアフリー化された家で福祉用具を活用出来れば、介護の重度化は防げる。自立生活が継続出来ることによる、当事者や家族の満足感や、「施設入所を免れる」費用効果は大きい。元気なうちに安全で安心して暮らせる住まいにしておけば、病気や介護の予防につながる。一人暮らしや、子どものいない高齢世帯、子どもがいても住まいが遠く介護などの協力を期待出来ない世帯は、地域の福祉資源などを吟味し、安心な施設に早めに移り住む選択肢もある。

「いざ」となった時、自分の老後のためと用意した預貯金が使えないことは珍しくない。自分のライフコースを早めに決めておくことが肝要である。

おわりに

本書をまとめるなかで、改めて高齢者を取り巻く社会環境の厳しさを感じた。一方で、団塊の世代をはじめ、これからの高齢者は、スマートフォンやインターネットを利用しており、道具類や機器を暮らしに取り入れることへの抵抗感は少ない。また、一人暮らしの見守りも、ITの発達でより安心なシステムが構築され始めており、ケアの現場の未来がこれまでと違うものとなる可能性も見えている。介護等のマンパワー不足が大きな問題となってはいるが、多くの人が「自分でできる備え」を実行すれば、こうした問題の緩和に役立ち、日本独特の「寝たきり」を防ぐことにつながるだろう。要介護1程度をキープ出来るなら、たとえ一人暮らしでも、ある程度社会資源が整っていれば、家で暮らすことは容易だ。ただし、誰も、個人の暮らしや住まいの見直しを手助けしてくれない。自分のために出来ることは早めに準備し、実行する。本書がこうしたきっかけになることを期待したい。

そして、長くなった人生を充実して過ごせるよう、たとえば六五歳で定年退職した後の暮しのなかに、それまでと違った「働き方」も取り入れたらどうだろう。週に数回働くことだけでなく、少し視点を変えれば、高齢化が進み、人手不足が深刻な地方の果樹農園の収穫などを手伝い、規格外の収穫物を労働の対価として受け取るといったことも「働く」ことになる。受動的に社会とつながるだけでなく、こうした観点から、会社勤めでは出来なかった、のびやかな「活動＝働く」がより活発化すれば、超高齢社会も、そう悪くはない、複層的で豊かなものになるのではないかと夢想する。

地域に関して

さて、これまで広く高齢期は、「住み慣れた地域で」、「ずっと住み続ける」ことがあるべき姿として掲げられている。果たしてそうなのであろうか？

筆者は、九州で生まれ、親の仕事の関係で幼少期に三度転居し、再び故郷に戻った。東京の大学を卒業したあとは、現在の住まいまで、その必要性から五回転居した。今の住まいは、転居してきてからまだ一〇年もたたず、離れた場所で仕事をしているので地域との結びつきは薄く、住み慣れた地域ではない。それでも自ら選んだことで「住めば都」になると感じている。団塊世代の多くは地方からの転入者であり、都市部にはこうした層も多数存在するだろう。どこに住もうと、元気な時に、自らの意志により、新たに安全で安心な「ついの住まいを選ぶ」ことも、「住み慣れた地域でずっと住み続ける」ことと同様に、あるべき姿の一つとしてもっと広く認識されても良いのではないだろうか。

そして、長年仕事中心で、地域と縁の薄い男性らが地域のコミュニケーションの輪に入っていけるような仕組みづくり、たとえば自治体による各種趣味の講座を二、三年廉価で受けられるということなども考えられるのではないだろうか。筆者の母の認知症予防にはこうした講座の受講が大いに役立った。しかし、今や各種団体に対する活動支援はあるものの、こうした制度はどこの地域でも少なくなっている。地域の特性に応じ、顕在化していない、声を出さない人達へのちょっとした心配り、手助けは、当事者の介護予防となるだけでなく、軽介護の人達の支援を一定程度地域コミュニティに委ねていく、これからの方向性を進めることにもつながるだろう。

加えて、先にも述べたが、これまで筆者が訪問したケースのなかで、妻が要介護となり子ども達の手助けのないところでは、仕事中心だった夫の多くは、調理が出来ないだけでなく、健康を維持する上で大事な食事の準備もおざなりだった(買ってくる総菜は栄養バランスを考えておらず、ちょっとしたアドヴァイスも基礎知識がなく、すぐには理解出来ない)。家事作業の習慣・基礎知識もないため、家は乱雑なままであった。

こうした状態を防ぐには、今各地で行われている「男の料理教室」を一層拡大し、充実させると共に、家事作業のスキルを高める講座などを開催することが考えられる。家事作業は、いずれも認知症予防の「作業療法」ともなるので、こうした認識が一般化するなら、男性の家事参加への抵抗感も薄れるだろう。

第三章の事例について

認知症の方の住まいの大規模リフォーム事例や筆者の実母の事例を、恵まれた事例と感じる人もいるかもしれない。だが、バリアフリー化された住まいで福祉用具を活用することをケアの基本とすることの具体的な効果が、本書をきっかけに広がればと願う。そして、それぞれが健康寿命を延ばすための方策として、食事に気をつけ運動するのと同じように、暮らしや住まいを見直す。その手始めに不要なものは片付ける。家庭内事故を防ぐよう、出来ることはすぐに実行する。個人個人でこうした見直しが行われれば、自らの健康寿命を延ばし、要介護時のケアの質も格段にあがるので、当事者の将来に向けた安心や、医療や介護費用の社会的コスト低減につながる。

そのためにも、医療や福祉、建築関係者は「住まいの介護力」「道具のもつ力」への理解を深め、一層連携を図って欲しい。そして、介護現場の実情を知らないファイナンシャルプランナーなどによる誤った情報を結果として垂れ流しているメディアは、暮らしや住まいの見直しに関する情報提供を積極的に行って欲しい。

なお、本書では取り上げなかったが、高齢期の住まいとして、シェアハウスやグループリビングといった、集まって住む暮らし方がある。筆者が見学した、二〇〇四年に開設された都内のグループリビング(一〇戸)では、看取りまで行われていたが、残念ながら地域のボランティアの大きな力添えを必須としていた。他にも各地で様々な形態の取り組みが行われている。一人暮らし世帯が増加していくなか、これからの「ついの住まい」の一形態として、一般化できる方策が講じられることも期待したい。

［参考］　様々な「ついの住まい」

元気な時から暮らす家や施設

Ａ：シニア向け分譲マンション（入居時一名健康自立、五〇歳以上）

数は多くないがシニア向け分譲マンションがある。おおむね一〇〇～二〇〇戸程度の集合住宅で、一戸の広さは五〇平方メートル以上あり、共用部分として、趣味の部屋や食堂、ゲストルームなどが設置されている。二四時間フロントサービスや看護師による健康相談があり、医療機関と提携し、施設によってはヘルパーステーションなどを併設しているところもある。健康型有料老人ホームより住戸面積が広い傾向にあり、夫婦での入居が多い。

ちなみに、東京郊外の例では、新築時分譲価格は三〇〇〇万円前後。月額費用は管理費と修繕積立金で五万円程度。一か月三食の食事代は一人で六万円程度。夫婦二人で暮らすと食事込みで月額一八万円弱となる。築一〇年未満のところで、入居者の平均年齢が七四歳。妻が要支援の状態で家事が出来ない夫婦は、朝食以外は食堂を利用。施設内の大浴場を毎日利用しているので掃除の手間が省けると入所の利点を述べられた。

供給は東京圏より関西圏の方が多く、関西では五〇平方メートル程の広さの中古で一〇〇〇万円程。いずれの施設も介護保険のサービスが必要になった場合は、マンション外のサービスを利用することになる。

B：サービス付き高齢者向け住宅（サ高住）と住宅型有料老人ホーム

サービス付き高齢者向け住宅は二〇一一年に創設されたもので、原則六〇歳以上の高齢者が入居を断られないバリアフリー仕様の賃貸住宅で、個室二五平方メートル以上（制度は現在、全体として見直しが予定されている）。これに、安否確認、生活相談などのサービスが付いている（要介護でも入居可能）。賃貸契約のため、入居時は敷金が必要となるが、高額な一時金の必要はなく、退居も自由である。なお、要介護時は個人住宅と同じで、外部の事業者による介護保険サービスを利用する。建設に助成があることもあり、二〇一六年六月に全国で二〇万戸を超えた（特定施設入居者生活介護の指定を受けた介護付き住宅を含む）。

住宅の基本情報に加え、提供されるサービスの概要、費用の内訳などが都道府県別にインターネットで公表されている。料金はおおむねその地域の賃貸料に、見守りなどのサービスを含めた管理費となる。住戸の立地や広さ、提供されているサービス内容などにより異なる。施設にデイサービスやヘルパーステーションや医院などが併設されたものから、ワンルームマンションに安否確認などのサービスが最小限提供されるものまで多種多様である。入居者に掃除や調理、服薬管理、病院の付き添いなどが必要となった場合、市場より安価で提供しているところもある。

制度が出来てから間もないこともあり、玉石混淆で、利用する場合は費用対効果の面でもよく吟味する必要がある。なお東京では、住戸面積二五平方メートル程で、家賃五〜一〇万、共益費一〜三万、見守りや生活相談二〜四万で、合わせて八〜一七万円程となる。住戸が三五〜七〇平方メートルと広いところは、家賃一五〜四五万、共益費一万〜二万、見守りや安否確認など二〜五万で合わせて二〇〜五十数万円。いずれも一人の料金のため、夫婦での入居は数万円高くなる。

食事を提供している施設は三食で月額四〜五・五万円程かかるため、狭いタイプでも月額の費用は一二〜二〇万円程となる。介護サービスが必要となった場合、介護度に従い利用したサービスの自己負担分(収入に応じ一〜三割)がプラスとなるが、そのほか介護保険外で必要な生活支援サービスや介護保険サービスの上限を超えた部分はすべて自費となる。このため日常生活の様々な場面で介助が必要になると、個人負担が多くなるので、注意が必要である。

サービス付き高齢者向け住宅と同様の機能をもつものとして「住宅型有料老人ホーム」がある。年々増加し、有料老人ホーム全体の約四〇%を占めている。ただし介護付き有料老人ホームと違い、介護の重度化や疾病の状態により、退去が必要となるので注意が必要である。施設の内容により、施設の利用料金は大きく異なる。

比較すると、サービス付き高齢者向け住宅が、個室の広さをある程度確保している一方で、食事の提供などは建設の必須事項でないため、共用部の占める割合は低い傾向にある。これに対し、有料老人ホームは、個室部分が一三平方メートルからと狭いが、食堂や趣味の部屋など共用部分が充実している傾向がある。なお、サービス付き高齢者向け住宅は賃貸契約で、有料老人ホームは一時金と施設利用料金を支払う契約となる(一時金が高い場合は毎月の利用料金が低く設定されている)。

C：介護付き有料老人ホーム（自立型）

六〇歳以上で入所時自立、夫婦の場合一人は五〇歳以上で可、等の条件がある。

一時金には、十数年間の施設利用料と介護保険の自己負担分を除いた要介護時の介護費用等がすべてパックで含まれている（入居時に介護保険外で提供されるサービス部分を一時金として支払う）。一時金は立地や提供サービス、共用部内容、個室の広さなどにより、数千万円から億を超えるまで様々である。毎月の利用料金は、食事なしで、数万円程度となる。共用部分が充実し、フロントサービス、健康管理などが手厚いところが多い。

介護時のケアは施設のスタッフが行い、特別養護老人ホームなどと比べて手厚く人が配置されているところが多い。一般的には介護が重度化すると同じ施設内の介護エリアへ、そのまま転居する。なお一時金は、入所期間が短かった場合は、その期間に応じ退所時に返金される。経験の長い施設のなかには、没後の備えとして共用墓地の設置されているところもある。ある程度費用はかかるが、こうした施設は子どものいない人には安心な施設と言えるかもしれない。

ただし、入居時に多額の一時金が必要になることが多いため、かつては運営主体が経営破綻し、大きな社会問題となったこともある。なお、数は少ないが自立を前提とした健康型有料老人ホームがあるが、介護が重度化すると、別の施設への転居が必要となる。

介護付き有料老人ホーム(自立型を含む)と同類の施設として、サービス付き高齢者向け住宅やケアハウスで「特定施設入居者生活介護」の指定を受けているものがある。名称と提供されるサービス内容が分かりづらいので、注意が必要である。

前記の他に、数は少ないが比較的低廉な費用の養護老人ホーム、ケアハウス(軽費老人ホーム)や高齢者向け公的賃貸住宅がある。

• ケアハウス(軽費老人ホーム、入所には所得制限あり)

一人当たり二一・六平方メートル、夫婦など三一・九平方メートル。定員数九・一万人。六〇歳以上で自立して生活することに不安がある身寄りのない人などが入居できる。食事サービスの提供があるA型、自炊のB型、食事・生活支援サービスのついたケアハウス(C型)の三つのタイプがあり、A型(食事付き)、B型(自炊)は新たには建てられていない。

ケアハウスには従来からの食事サービスのある「自立型」の他、近年は「介護型」もあり、どちらも比較的低い費用で利用できる。

・**養護老人ホーム**（環境的・経済的困窮者向け）

一人当たり一〇・六五平方メートル。定員数六・五万人。

入所は地方自治体の審査による措置判断。対象は、基本的には病気がなく介護を必要としない自立した六五歳以上の単身高齢者で、生活保護受給者や、低所得などの原因によって自宅で生活が出来ないなどの経済的な理由をもつ人が対象（ただし要介護1以上は対象外）。食事サービスがあり、自立した生活を営み社会活動に参加するために必要なサポートが行われる。本人及び扶養義務者の収入に応じた負担がある。

・**高齢者向け公的賃貸住宅**（シルバーピア等）

公的賃貸住宅（設置主体：自治体・都市再生機構・地方住宅供給公社）のなかに、六五歳以上の自立した高齢単身世帯や二人世帯を対象とした、高齢者の特性に配慮した設備や構造を整備した集合住宅がある。1DK三五平方メートル程度で、住宅困窮者を対象としている。自治体の支援により福祉施設などとの連携で生活援助員が居住者の相談に応じ、緊急時の対応などを行っている（自治体の任意事業）。東京都では生活協力員を団欒室等へ常駐させたり、管理人を配置したりして、「シルバーピア」と称している。入所には収入制限があり、収入に応じた賃料を支払う。

他に、都市再生機構や地方住宅供給公社のなかに、高齢者に配慮した賃貸住宅がある。いずれも一定以上の収入のある人が対象となるが、民間賃貸住宅と異なり、年齢による入居制限は設けられていない。制度が経年で変わり複雑なため、大変分かりづらいので、詳細は各住宅管理者に直接確認して欲しい。

要介護となってから暮らす施設

D：特別養護老人ホーム（原則要介護3以上が入所可）　一対三＊

自治体や社会福祉法人が運営する公的施設で、個室と多床室（一部屋二床、四床など）があり、地域ごとに施設数にばらつきがある。介護施設のなかで最も利用料金が安価で、一定のサービスが受けられるので、入所希望者が多いが、都市部では地価が高いことから施設数は少なく、実態として要介護4〜5以上でなければ入所できない地域もある。

＊一対三：介護士または看護師の総数が、要支援2以上の入所者三人に対し職員一人の基準を充た

している(シフト制の為、日中、休日、夜間で人数は異なるので要注意)。

個室は一三平方メートル程で、現在の介護保険の自己負担分を除き、利用料金は収入に応じて五段階に分かれており、居住費、食費、水光熱費、介護費用などがすべて含まれている(理美容料金やレクリエーション費用などは別料金)。生活保護世帯を第一段階として、世帯全員が住民税非課税のケースが二段階に分かれ、住民税課税世帯の第四段階目を基準額とし、このなかでより収入の高い人は第五段階目となる。

都下のある施設を例として基準料金をみると、要介護三～五で個室を利用すると介護保険自己負担割合一割で月一〇～一一万円程、二割のケースで月一三～一四万円程となる。第二段階では五～五・五万円と基準額の半分である。

なお施設がホームページなどで公表している料金情報は分かりづらいので、事前に正確な利用料金を知りたい場合は、直接施設に確認するとよい。近年居住費などが見直され、利用料金は徐々に値上がりしている。

E：介護付き有料老人ホーム（介護専用型）

①介護付き有料老人ホーム（介護専用型：前頁の特別養護老人ホーム近辺の例）

②介護付き有料老人ホーム（介護専用型：右の近郊施設）

具体例については次頁表参照。

F：グループホーム

要支援2から入所可能な認知症専用施設。

グループホームは、小規模でアットホームなところが多く、認知症の高齢者が五〜九人のユニット単位で共同生活を送っている。個室を原則とし、広さは私物の収納を別に七・四三平方メートル（四・五畳）以上。トイレ、洗面、入浴や食事、団欒、作業療法などはユニット単位の共用部で行われる。

ここでは、専門スタッフによる身体介護や機能訓練、レクレーションなどが受けられる。調理や配膳の手伝い、洗濯物をたたむなど、個人の残存能力に応じ普通の暮らしを共同で行うことで、認知症の進行が緩やかになると言われている。ただし、身体状況が悪化し、一人で着替

表　介護付き有料老人ホーム(介護専用型)の具体事例

①介護付き有料老人ホーム(介護専用型：先の特別養護老人ホーム近辺の都下例)

個室 17 m²	1 対 3	一時金*1	(80 歳以上)600 万円程度
	月額管理費		8 万円(含む日常生活支援サービス)
	食費		6 万円
	家賃		5.5 万円
	合計		19.5 万円*2

*1 一時金：契約時 20% 償却，残り 80% を 5 年で償却．一時金なしの場合，月額は約 30 万円(うち家賃約 16 万円)程．

*2 要介護 2 の場合(1 割負担)で，月額 23 万円程．要介護 4 でオムツも利用すると 26.7 万円程となる．2 割負担なら，要介護 2 で月額 25 万円，要介護 4 で 30 万円程となる．

②介護付き有料老人ホーム(介護専用型：上記の近郊施設)

個室 18.5 m²　1 対 2.5		
月払い方式	約 28 万円(居室料 13.5 万円，管理費 8.8 万円，食費 5.4 万円)	
一時金方式	一時金 350 万円	月額 24.2 万(うち居室料 10 万)
	一時金 850 万円	月額 19.2 万(うち居室料 5 万)
	一時金 1350 万円*	月額 14.2 万(居室料 0)

*想定居住料は 6 年で償却，以降は居室料はかからない．

①②共，合計額に介護保険自己負担額が介護度と介護保険負担率(1～3 割)に応じプラスされる他，病院付き添い料や，オムツ代など諸雑費がかかる．

え・食事摂取・排泄などが出来ない、慢性疾患で日常的な医療ケアが必要になると、転居が必要となる。

住み慣れた環境での生活の継続を目的としており、住民票のある居住地の施設へのみ入居が可能。東京郊外の施設を例にとると、月額費用は、家賃相当部分が八万円程、水光熱費と共益費で三・五万円程、食費四、五万円程で、合わせると一六万円程となる。これに介護度と所得に応じて、介護保険の自己負担金、および雑費がかかる。

要支援2の場合、一割の自己負担なら、一七万円、二割で一八万円、三割で一九万円。要介護2では一割で一八万円、二割で二〇万円、三割で二三万円となる（雑費含まず）。施設によっては、入所時に一〇万円程の敷金や、三〇万円程の保証金が必要となる。*

*高額介護サービス費：世帯の介護保険自己負担分支払い金額が一定額を超える場合、超えた部分が返却される制度（要介護者が二人いる場合は両者の合計金額）。

世帯で現役並み主収入がある場合、月額四・四四万円（年間五三・二八万円）。世帯内に住民税課税者がいる場合も、上限は月額四・四四万円（ただし年間四四・六四万円）となる。なお、上限金額は引き上げられる傾向にある（金額はいずれも二〇一八年のもの）。

あとがき

本書をまとめていくなかで、改めて「住まい館」をすべて私たちの裁量に任せ、運営を委ねてくれた東京都品川区という良き理解者の存在の大きさを感じた。

筆者と品川区のお付き合いの初めは、バブルによる地上げに伴う急激な人口減少に対する区の危機感から、一九八九年、九〇年度にかけて策定された『品川区住宅白書』を筆者が取りまとめたことによる。当時職員の自治行政にかける熱意、議論に驚き、感心したことを思い出す。その後九二、九三年度には、自治行政の根本となる「人口問題に関する報告書」をまとめた。いずれも、学識経験者、区議、庁内管理職などによる委員会を経て、国勢調査の特別集計、住民基本台帳の特別集計による全世帯のライフステージ分類、一年間の区への転出入全世帯へのアンケートを含む、大規模な調査に基づくものであった。『住宅白書』では、「住情報センター」の必要性を記述し、「人口問題に関する報告書」では、人口問題研究所の方や学識経験者と出生率の低下要因を議論し、本質的な解決策が講じられなければ少子高齢化は止められないだろうとされていたことを思い出す。

なお、二つの報告書担当はいずれも企画部の中尾根剛氏(元企画部長、現品川文化振興事業団理事長)であった。そして、こうした区との信頼関係を背景に、地域高齢者住宅計画策定の担当課長であった宮地恵美子氏の熱意のもと、七〇平方メートルの住空間のなかで椅子や家電など暮らしの道具を展示し、福祉用具が体験できる「住まい館」が生まれた。

予算がないなか、開設時は、TOTO、ヤジマ(キッチンメーカー)が住宅設備を、東芝が家電製品を、椅子や福祉用具も沢山のメーカーが無償提供してくれた。そして、区の理解を経て開設当初から、介護体験があり建築士で福祉用具の専門知識をもつ女性相談員を常駐させることが出来た。

全国に様々な展示体験施設があるなか、小さな施設「住まい館」が長年意義あるものとして存在出来たのは、新美まり氏をはじめとして多くの区職員の方々や東京都住宅局の方々の理解に加え、住まい館相談員個人に負うものである。相談員は全員同窓生で、開設当初から相談員の中心であった松原茂々代さんの人柄、深い知見に負うところが大きかった。

施設が閉鎖されるまで長く相談員を続けて下さった田淵耕子さん、谷中恵子さん、馬場麻里さん、昨年亡くなられた西村千春さんにも尽力して頂きました。そして、開設を前に太田麻美子さんが、二〇一〇年には松原茂々代さんが亡くなられました。ご冥福をお祈りします。他に藤原幸子さん、原口成子さん、辻育美さんにもご尽力頂きました。一六年まで筆者の事務所所員として、この間の業務すべてを支えてくれた田島希美子さんと共に、感謝致します。

そして、第三章事例2(認知症大規模リフォーム)の公表を快諾されたご家族の皆様、福祉、医療関係に携わってきた友人達や母のケア担当チームの方々、税理士の友人等から貴重な情報を頂きました。有り難うございました。

また、二〇〇四年一月に住宅改修アドヴァイザーとして訪問した事例をまとめた、岩波アクティブ新書『暮らしのバリアフリーリフォーム』の編集者太田順子さんにも多大なご尽力を頂きました。有り難うございました。

なお、本書執筆の一番の動機は、一四年の『月刊ケアマネジメント』9月号に「認知症リフォーム」の成功事例としてその概要を寄稿したが、ケアの実態を含め、より広くその詳細を知らしめたいとの思いでした。出版に至ったのは、ひとえに編集者である上田麻里氏の力によるものです。図表やイラストの作成に関しても辛抱強く対応して頂きました。有り難うございました。

二〇一八年五月

安楽玲子

安楽玲子

日本女子大学住居学科卒業．(株)レック研究所代表．一級建築士，福祉用具プランナー，ケアマネジャー．

1993〜2011年度，高齢期の暮らしに関する都内自治体の展示相談所(福祉用具を含む)を運営．2000年以降は，自治体からの依頼で1000件近い要介護者の自宅を訪問し，住宅改修をアドヴァイスする．現在，福祉に関するコンサルティングやケアリフォーム(ケアデザイン&設計)を手がける．

著書に『暮らしのバリアフリーリフォーム』(岩波アクティブ新書，2004年)，『50歳から生きる家──人生設計と住まいづくりのマニュアル』(婦人生活社，1998年)など．


住まいで「老活」　岩波新書(新赤版)1724

2018年6月20日　第1刷発行

著　者　安楽玲子《あんらくれいこ》

発行者　岡本　厚

発行所　株式会社　岩波書店
〒101-8002 東京都千代田区一ツ橋2-5-5
案内 03-5210-4000　営業部 03-5210-4111
http://www.iwanami.co.jp/

新書編集部 03-5210-4054
http://www.iwanamishinsho.com/

印刷・精興社　カバー・半七印刷　製本・中永製本

ISBN 978-4-00-431724-1　　Printed in Japan

岩波新書新赤版一〇〇〇点に際して

ひとつの時代が終わったと言われて久しい。だが、その先にいかなる時代を展望するのか、私たちはその輪郭すら描きえていない。二〇世紀から持ち越した課題の多くは、未だ解決の緒を見つけることのできないままであり、二一世紀が新たに招きよせた問題も少なくない。グローバル資本主義の浸透、憎悪の連鎖、暴力の応酬――世界は混沌として深い不安の只中にある。

現代社会においては変化が常態となり、速さと新しさに絶対的な価値が与えられた。消費社会の深化と情報技術の革命は、種々の境界を無くし、人々の生活やコミュニケーションの様式を根底から変容させてきた。ライフスタイルは多様化し、一面では個人の生き方をそれぞれが選びとる時代が始まっている。同時に、新たな格差が生まれ、様々な次元での亀裂や分断が深まっている。社会や歴史に対する意識が揺らぎ、普遍的な理念に対する根本的な懐疑や、現実を変えることへの無力感がひそかに根を張りつつある。そして生きることに誰もが困難を覚える時代が到来している。

しかし、日常生活のそれぞれの場で、自由と民主主義を獲得し実践することを通じて、私たち自身がそうした閉塞を乗り超え、希望の時代の幕開けを告げてゆくことは不可能ではあるまい。そのために、いま求められていること――それは、個と個の間で開かれた対話を積み重ねながら、人間らしく生きることの条件について一人ひとりが粘り強く思考することではないか。その営みの糧となるものが、教養に外ならないと私たちは考える。歴史とは何か、よく生きるとはいかなることか、世界そして人間はどこへ向かうべきなのか――こうした根源的な問いとの格闘が、文化と知の厚みを作り出し、個人と社会を支える基盤としての教養となった。まさにそのような教養への道案内こそ、岩波新書が創刊以来、追求してきたことである。

岩波新書は、日中戦争下の一九三八年一一月に赤版として創刊された。創刊の辞は、道義の精神に則らない日本の行動を憂慮し、批判的精神と良心的行動の欠如を戒めつつ、現代人の現代的教養を刊行の目的とする、と謳っている。以後、青版、黄版、新赤版と装いを改めながら、合計二五〇〇点余りを世に問うてきた。そして、いままた新赤版が一〇〇〇点を迎えたのを機に、人間の理性と良心への信頼を再確認し、それに裏打ちされた文化を培っていく決意を込めて、新しい装丁のもとに再出発したいと思う。一冊一冊から吹き出す新風が一人でも多くの読者の許に届くこと、そして希望ある時代への想像力を豊かにかき立てることを切に願う。

（二〇〇六年四月）